東京私学62年闘争と
私がた　　　った
日本映

羽渕《はぶち》三良《みよし》
Miyoshi Habuchi

目次

はじめに

本書は私の八冊目の本である。本書のほとんどが、野党と市民の共闘による歴史的選挙となった二〇二一年度の第四十九回衆議院選挙の年に書かれたものである。長年の自民党政治、新自由主義の悪政が顕著にあらわになった年であった。

世界中にコロナ病がまん延。私も身体の調子をこわし、映画の試写にも行けなくなり、かつて書いた文章を二〇二一年の視点から、見直し、書き加えたのが、その多くが「私の日本映画史」である。

第一章の「戦前の日本の映画分野の弾圧の歴史は、悪法「映画法」は、当時の菅総理が、日本学術会議が推薦した六名の任命権を拒否した時期に、「治安維持法と現代」から求められて書いたものである。少くなくない人たちから、戦前の映画監督に合格するための試験問題が書かれていて、大変興味がわき、貴重な文章だ」という声が寄せられた。

第二章の「私学運動とわたし①②」は、「当時の大変貴重な事実として残すべきだ」という声が出され、闘いの中心の一人である私が書き加えたもの、具体的で大変教訓的「そんなこともあったのか」と声が寄せられた。

東京私学六二年闘争については、すでに『たたかう教師の記録』、『学園に真実をもとめて』、『よみがえる学園』、『私学の歴史』などで書き残されている。今回、私はきわめてリアルに①文化運動編②教職員組合運動編と書いた。
「一九六〇年の安保闘争は、私学教師に大きな運動のエネルギーをあたえました。私学教育運動の全国的な胎動がはじまりました。一九六二年に激しく闘われた私学の学園闘争は、言ってみれば、六〇年代の私学闘争の幕あけでもありました」「どうしたら自主的、創造的な生き生きした生徒に変革されていくのか」「教師と生徒との固い信頼と結びつきをつくりあげ、そこに父母もしっかりとつながり、一団となって、学園の民主化をかちとり、さらにまた、教育とは何かを深く問い直しながら、生徒たちが人間として、どれほど限りない力と能力をもっているものなのかを、感動的なたたかい」が私学六二年闘争。(『よみがえる学園　私学の壁に抗して』労働旬報社・碓田のぼる)
また、『学園に真実をもとめ』という本で、当時、東京大学教授宗像誠也氏は「一ヵ月あまり日本にいなかった私が、帰ってきて、留守中の週刊誌に載っていた写真―鉄条網のなかで暴力団に押し飛ばした女生徒たちの純粋な怒りのすばらしい写真に、胸を打たれる感動をおぼえたことを昨日のことのように思い出す。だから私は、その一〇月一五日夜の『実践女子学園を事実を知るつどい』に講演をたのまれたとき、あの生徒たちのためにすこしでも役にたてるというならというおもいで、すぐに引きうけたのだった。」「注目すべき現実は、生徒たちの「教育を受ける権利の自覚だと思っている」。「よい教育を受けたいという要求が、学園側の非道な仕打ちに激突したとき、可憐な少女たちをして、暴力団に体当たりを食らわすという行動をさせるまでに、燃え上がったのである」」。

私は一九五八年早稲田大学第一文学部演劇科を卒業し、渋谷区の実践女子学園高等学校（実践女子学園・付属高校）に就任した。大学在学中から、教師のかたわら映画評論を書いていた。時あたかも六〇年安保闘争前夜、労働組合結成が行われており、この闘いの中心的役割を果たすことになり、組合活動を優先せざるをえず、映画評論はその先にゆずった。組合の闘いはほぼ十余年で勝利し、さらに〝晴天のへきれき〟ともいえる新たな舞台で仕事をすることになる。それは日本共産党の専従の仕事にたのまれ、それを引きうけ、映画評論の仕事は半ばあきらめる状況に落ち入って、そして三十八年その仕事に全力をあげた。

いよいよ、一九九九年の四月三〇日をもつて日本共産党の専従の仕事が定年退職となった。私の六三歳の時である。映画評論家へのチャンスが訪れた。私は日本映画復興会議に所属し、仕事をはじめた。それが今日までつづいている。本書の『私の日本映画史』は、日本映画の「正義と前進」のために、闘いながら書いた私の日本映画史である。その多くは、大阪の関西勤労者教育協会の機関誌『保存会ニュース』に書いたものである。「大阪の読者を元気づけている」

といわれている。

主だった本書の内容を紹介しよう。

わたしが最初に取りくんだのが、松竹大船撮影所売却反対闘争である（第三章）。「撮影所は日本の映画学校である」と都労委に認めさせ、経営者側は「あらたな撮影所を作る」と労使双方合意でしたが、今日までそれが実行されていない。経営者側は作る意志もなかった。

第四章は、山田和夫さんと新藤兼人さん。この間柄はあまり知られていない。晩年二人は一ヵ月一回合い、映画について語り合って活動したという。

第五章は、日本映画界での「ニセ左翼」と安保闘争である。熱い理論的に書かれたことが手にとるようにわかります。

第六章は、日本映画の戦争と平和をめぐっての真正面からの激突である。ぜひ読んでいただきたい。

第七章は、韓国と日本映画の大きな違い、よく読んでいただければ。

第八章は、日本映画界の政府からの制作助成金をめぐる闘いの今日までの歴史である。日本政府の文化・学術への支援のひどさが手にとるようにわかる。

第九章と第十一章は、反戦・平和への映画人の動きと呼びかけです。

そして、第十章とおわり。きわめてきて、プロレタリア映画の伝統を受けつぎ「平和と正義」

を訴える映画『わが青春つきるとも―伊藤千代子の生涯』本書が出る頃には、この映画は上映をされているでしょう。ぜひ観て下さい。そして、最後に私の「手紙」は、「東京私学退職通信」にのせた手紙である。

第一章　戦前の日本社会の映画分野の弾圧の歴史は、悪法「映画法」

戦前の日本社会の映画分野の弾圧の歴史は、悪法「映画法」

●「戦前の映画法」の時代、試験機関など、具体的にどんなものであったか「映画」と戦前の日本の知識人はどう闘ったか、岩崎昶・木下恵介・稲垣浩など、敗戦とともに日本映画人の良心がせきを切って銀幕にほとばしる

二〇二〇年九月十六日、菅義偉内閣が発足した。十月一日、菅総理は日本学術会議が推薦した六名の任命権を拒否。これは、学術会議法と憲法に反し、国民の精神活動の自由の侵害である。この任命権行使は「戦前の滝川幸辰事件（一九三三年）」や「天皇機関説事件（一九三五年）」を先駆としている。

当時の日本映画界では、どうだったか。少し遅れて一九三九年、「映画法」を成立させた。

「戦前の映画法」の時代、試験機関など、具体的にどんなものであったか

「映画法」は映画界で仕事をしようとする監督、脚本家、技術者、興行主など映画にかかわるすべての個人と会社は、当局の審査（試験）をパスし許可、登録を得ないと仕事ができなかった。

では、許可を得て登録のための試験とはいかなるものであったか。一九四〇年（昭和十五年）度の監督などの例を紹介しよう。
① 国史考査問題
イ、映画の社会的使命を論ぜよ
② 国史考査問題
イ、国史を概観して如何なる心構えを持つ
ロ、我が国の国際的上進
ハ、国民学識考査問題
一、日本は何の為に多大な犠牲を払って支那における大事業をなしつつあるか
二、奢侈品の販売禁止の理由は何か
三、「映画法」における登録制度の目的は何か
四、映画制作に従事する者には如何なる芸術的教養を必要とするか

五、左の事項につき知れることを簡単に記せ
(1)阿部大使、(2)ナチス、(3)動員計画、(4)松下村塾、(5)国家精神総動員
あなたなら合格するために、何を解答するでしょうか。

「映画法」と戦前の日本の知識人はどう闘ったか。岩崎昶、木下恵介、稲垣浩など

戦前の悪法「映画法」が一九三九年四月に放たれた。

岩崎昶(映画評論家)は「映画法」が切迫する情勢を知って執筆活動を一歩敵陣へと踏み込み、「大日本映画協会」の機関紙『日本映画』の一九三七年(昭和十二年)四月号に「統制の『効果』――ナチスの映画政策」という一文を寄稿する。その中で、「映画法」はナチの映画統制の全面的な礼賛、その引き写しであると批判した。岩崎は一九四〇年一月、治安維持法違反で逮捕された。その日の朝のことを岩崎は次のように書き残している。

「明け方近く浅くなった夢の中に、いきなり土足で踏み込むようなすさまじい音が入り込んできて」「寝床の中で、ハットとして耳をすました」「開けろ!警察の者だ!」「岩崎だな!ちょっと一緒に来てくれ!」(『日本映画私史』岩崎昶〈一九七七年/朝日新聞社〉)。

戦後、『二十四の瞳』(一九五四年)をはじめとする反戦映画や多くの名作を作った木下恵介

監督もまた、しぶとく侵略戦争に抵抗した数少ない日本映画作家の一人である。

木下が戦前、もっとも戦争ノーの意思表示を見せたのが彼が監督した『陸軍』（一九四四・昭和十九年）の最後の場面である。実は、この作品は、戦意高揚を目的とした国策映画として企画化され、舞台は北九州小倉の四代にわたる軍人一家。田中絹代が演ずる母親が街の目抜き通りを出征していく息子を見送る場面がラストシーンだ。

一般の人々が日の丸を振って見送る中、木下のカメラと心は全精力を傾けて行進していく息子をどこまでも、追い続ける母親の田中に集中する。そして、カメラはさらに追う。田中の頬にはとどまることなく流れる涙。彼女の目は、銃後の「日本の母」の目ではなくて、わが息子を心から案ずる「人間としての母親」の目。このラストシーンはじつに長く延々と続く。出征していく兵士（息子）に母親が涙を流すことは「非国民」の面罵がまぬかれなかった時代に、木下はよくも

『陸軍』（息子の出征をどこまでも追う母〔田中絹代〕）

こういう映像を撮ったものだ。木下は後に「この映画で情報局から呼びだされ、仕事ができなくなり、郷里に帰った」と語っている。この木下も敗戦まで映画を作れなかった。

伊丹万作のシナリオ『無法松の一生』（一九四三年（昭和十八年）を製作した稲垣浩監督もまた、戦前、日本映画の「心の良心」を守ろうとした作家である。やはりこれも九州小倉の街を舞台に、無法松というあだ名で呼ばれている車夫の松五郎（坂東妻三郎）がふとしたきっかけで一人息子がいる軍人未亡人（園井恵子）と近づきになり、息子の世話を親身になってする中で、その未亡人に思慕の情を寄せる映画。

いっぱい飲み屋で壁にはってある女優の顔が一瞬、松五郎には未亡人の顔にダブって映るというすばらしい名場面がある。「これがけしからん。人力車夫風情が軍人の未亡人に横恋慕するとは、なにごとだ」と、当時、この映画は四〇〇メートル以上大幅にカットされて公開された。まさに映画が自由でなかった時、日本の映画がどんなことに遭遇したか。一切の素朴な人間的同情心さえ許さなかった。このことを私たちは絶対に忘却されてはならない。「映画法」廃止、米軍の占領下

「我が青春に悔いなし」
1946年。黒沢明監督。出演＝原節子、藤田進、大河内伝次郎、杉村春子ほか

で「民主化」が始まった。

敗戦とともに日本の映画人の良心がせきを切って銀幕にほとばしる

戦後、銀幕におどり出た二つの映画を紹介しよう。

一つは『大曽根家の朝（木下恵介監督／一九四六年）。

戦前、前述した『陸軍』を作った木下恵介監督は戦後の第一作として太平洋戦争の犯罪者を告発する『大曽根家の朝』で映画界へ復帰する。杉村春子が演ずる女性はリベラルな大学教授だった夫を亡くした未亡人。杉村の弟で陸軍大佐を演ずるのが小沢栄太郎。杉村の長男は人間的良心で戦争を否定しようとして、思想犯で警察が連行。画家をめざす次男は戦場で戦死。三男は純粋な気持ちで陸軍へ。特攻となって帰らず。小沢は大曽根家に居候の身ながら、戦争直後、陸軍が隠匿していた物質を横取りしてくる。堪忍袋の緒が切れた杉村がいう。「とにかく、あなた方は、ここを出て行っていただきます。あなた方は、日本の国をめ

1946 年、木下恵介監督「大曽根家の朝」

ちゃくちゃにしておしまいになりました」。この言葉は日本の国民が戦前の「暗黒」に時代には、言いたくても言えなかった怒りの声である。

二つ目は『わが青春に悔なし』。

尾崎秀実の反戦運動をモデルとする作品。自由主義者の大学教授、八木原（大河内伝次郎）は大学を追われ、彼の弟子である野毛（藤田進）はスパイ容疑でとらえられ獄死する。教授の娘であり、野毛の妻、幸枝（原節子）は非国民の家族として迫害される。幸枝は夫の農村に帰り敗戦まで、農業をして過ごす。一九三三年から四五年の敗戦まで、生命をかけて抵抗した人々の姿を力強く描いた映像は今なお感動を呼ぶ。

そして、日本の映画史は労働組合運動が先行し、四〇年代後半から五〇年代初頭にかけて、日本映画の黄金時代といわれ、反戦、平和、反核などの積極的な系譜と伝統を作り出した。

コロナ感染拡大が世界と日本を席巻する。二〇二一年を明けて、きわめて貴重な作品、木本克英監督の出身地、富山県で起こった、明治の「米騒動」を題材とした『大コメ騒動』という作品が作られ上映されている。「富山のおかかたちの痛快な娯楽作品」。日本映画の平和と系譜と伝統を受けついだ作品だ。私たちはこれを誇りにしてよい！

（「治安維持法と現代」二〇二一、春季号―No.41）

第二章　私学運動とわたし①②

事実をリアルに伝える
東京私教連実践女子学園の闘争文化活動編

●私学運動とわたし① ― 一九六二（昭和三七）年 ―
「東京私教連退職教」も、闘争の支援とともに文化活動が真ん中に

私は労働者教育協議会で階級闘争の強化委員をやっています。そしてもう一つ、日本映画復興会議で映画の評論活動をやっています。今日は私の体験、若い時代の東京私教連の組合活動と、今参加している『東京私学退職教職員の会』の、教職員運動と文化活動について話したいと思います。

私たちの年代は、六〇年安保闘争に参加しています。そして、東京の私学の教職員で六〇年安保闘争に参加した多くの活動家は、その後、私立学校で組合をつくり、学園民主化闘争を始めました。

私の場合、東京の実践女子学園で闘いを始めました。東京の私学の『東京私教連六二年闘争』と言われるも

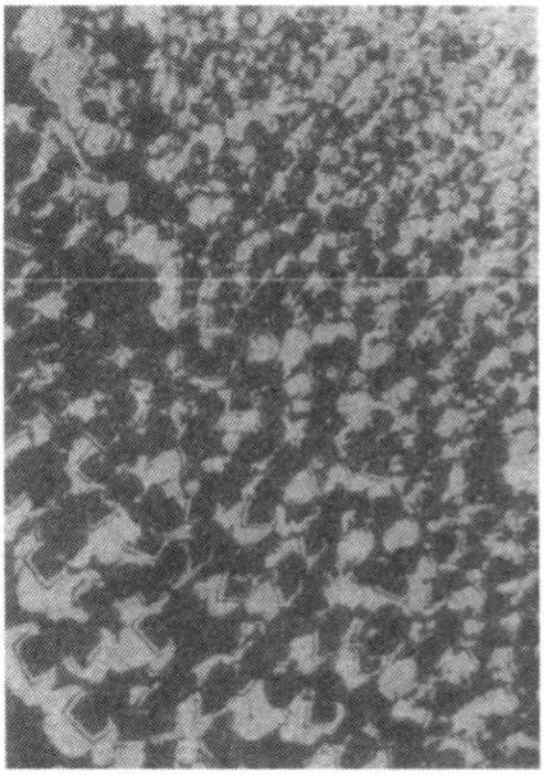

7月22日の生徒の大抗議集会

のです。実践女子学園は一八九九年に創立され、創立者は下田歌子（愛国婦人会会長）、良妻賢母の教育であったが、戦前の女子教育の先駆者の一人。実践女子学園は総合女子学園で中等部から大学院まであり、私は高校部の教員となりました。

私のつとめる実践女子学園が東京の『六二年闘争』の中軸的な舞台となりました。実践女子学園教職員組合は一九五九年七月に結成され、一九六二年林文雄さん（組合委員長、美術評論家）が不当に解雇されました。六二年夏には小尾茂さん（副委員長）、長嶋剛一さん（組合役員）が刑事弾圧を受け、渋谷警察に逮捕され留置されます。そして一九六二年八月、両者も不当解雇され、不当解雇者は三人になりました。

学園理事会側は三人の教師と生徒たちを切り離すために、暴力団を雇い入れたが、生徒たちは暴力団を撥ね除けて三人の先生と生徒たちが校内で合流。生徒たちは学園理事会が押しつけた教師たちを拒否。彼女たちは教室を出て校庭に集まり、ストライキを打ちました。裁判闘争ではセーラー服の生徒たちは昔の木造の地裁を埋め尽くし、裁判長に花束を贈呈しました。良妻賢母の長い伝統をもつ実践女子学園は、教職員組合、生徒、父母、卒業生と立ち上がり、連日マスコミが報道し、大闘争の場となりました。

「実践を守る文化人の会」が組織され、教育学者、大学教授関係者、文化人、当時の民主的文化人のほとんどが学園民主化闘争の支援に立ち上がってくれました。この闘争が発展する状況を、当時の東京私教連書記長（林先生を守る共闘会議議長・歌人）の碓田登氏は次のような詩（文化）を我々に寄せ、闘いを大きく激励しました。

みんな、そのことを知っている

人間は正しくなければならない　と
　きみはおしえなかったか？
自主性をもった明るい人間を育てたいと
あなたは願わなかったか？
　　ぼくは教えた！
　彼も教えた！
　あなたもそう願った！
だから
ぼくらの愛する生徒たちは
その瞳をかがやかしながら
　　署名をした

カンパをした
集会を待った—。

だが
それがいけないという
　就職にさしつかえるぞ
　通学にさしつかえるぞ
　父兄会は開かないぞ
「なぜ　いけないの！」
「どうして悪いの！」
「なぜ！」
「なぜ！」

　誰もそのことに答えられない。
そのことを
ぼくらも

7月31日の学園閉鎖で広大な構内の四周は有刺鉄線でとりまかれた——

生徒も
みんなよく知っている。

ぼくらのやさしい生徒達—
　学校のおどしに悩み
　周囲の無理解に苦しみ
そしてなお
フランスのレジスタンスのように
　真実を
　　深く　広く拡げていく
—ぼくらのやさしい生徒たち
きみらと、
ぼくらをつなぐ　この信頼のきづなは
誰も決してたちきれない
〈心に手錠はかけられない〉
そのことを

三教諭を入門させようと暴力団のスクラムに肉迫する生徒たち

ぼくらも
きみたちも
みんなよく知っている
　―　中略　―
ぼくらのたたかいは
いま日一日と
勝利に近づいている

みんな見たまえ!
ぼくらの真実の訴えに
ひびきよせてくれた人達
おとといよりは昨日
昨日よりは今日と
決して　しぼむことのない
このひろがりと強さを―
　実践女子学園中高教職員組合

三教諭の入門闘争に声援をおくる共闘会議の人々

東京私学教職員組合連合
渋谷地区労働組合協議会
　自由法曹団
　青年法律家協会
　渋谷文化懇談会
　母親連絡会議
　ｅｔｃ…
　ｅｔｃ…

今日、勝利のとおい足どりは
明日は
もっとはっきりと
きこえるだろう
真実はついに貫かれ
やがて勝つ！
真夏日に向かった

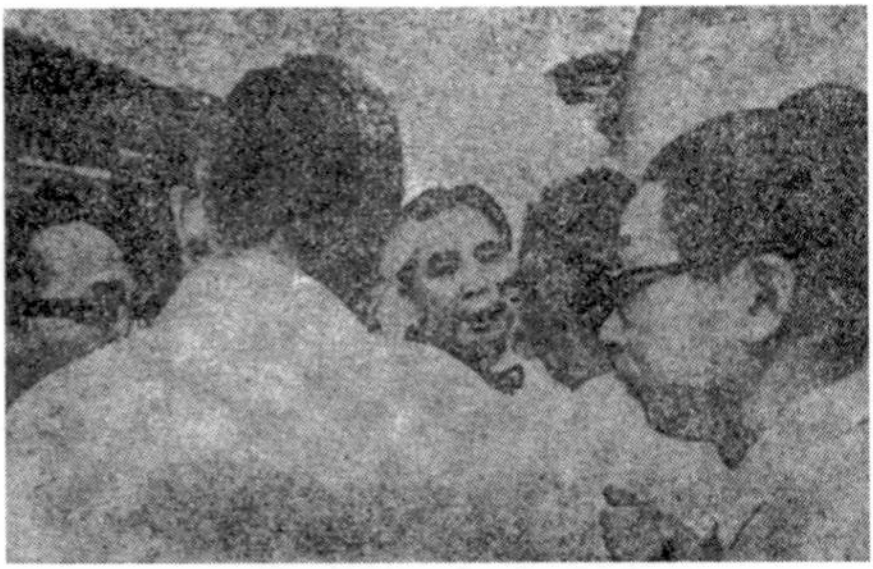

学園側の暴力団使用に抗議する父兄集団
（後むき―学園側）

金色のヒマワリのように
　ぼくらが
ほこらかに
「勝った」と宣言する日—
　やさしいぼくらの生徒達
『リラの花が咲いた』（林先生がいつも生徒たちと歌っていた歌）
　　と歌う日—
　それは
間違いなくやってくる—
　　林先生を守る共闘会議
　議長　うすだ　のぼる
（一九六二年六月初旬の或る日）
『実践女子学園たたかう教師の記録』

また、私たちの闘いを支持してくださった当時の東大教授（教育学）の宗像誠也氏は、生徒たちの「教育を受ける権利の自覚」を中心とする教育闘争である、と実践女子学園の闘いを次のように評している。

「二か月あまり日本にいなかった私が、帰ってきて、留守中の週刊誌に載っていた写真―鉄条網を押し飛ばした女生徒たちの純粋な怒りのすばらしい写真に胸に打たれる感動をおぼえた」。

実践女子学園の生徒達のたたかいもまた、よい教育を求めるたたかい、三先生から受けたよい教育をうばわれないためのたたかいであった。よい教育を受けたいという要求が、学園側の非道な仕打ちに激突したとき、可憐な少女たちをして暴力団に体当たりを食らわすという行動をさせるまでに、燃え上がったのである」（『学園に真実をもとめて愛と怒りの十年』／民衆社）。当時、生徒たちが暴力団をはねのけ、三先生を校内に迎入れられるかどうかなど、毎日のように数十人のマスコミが取材におしかけた。この闘争に参加した生徒たちの中には、闘

9月5日、学園側の実力阻止ゆるみ、平穏裡に入門する三教諭を涙と拍手で迎える生徒たち
（林、長島両教諭の姿がみえる）

争を通じて「教師になりたい」と、小尾茂さんの教え子をはじめとして、教師になった生徒たちが少なくなかった。

東京私教連の闘いで、文化活動について付け加えるなら、東京私教連は『ドレイ工場』の成功に力を入れた。組合の担当者が当時東京駅に隣接していた国労会館にしげく足を運んだ。他方、私たちの組合は北朝鮮の映画『チョンリマ』の普及に全力をあげた。

そして、六八年三月実践女子学園の闘争の和解が成立。闘争は一応終わった。組合がこの闘争の当初かかげた目標はほぼ達成した。林文雄さんは美術大学の講師になった。小尾茂さんは大東学園という世田谷の学園のため、送り出した。長嶋剛一さんは実践女子学園の高等部へ職場復帰した。

東京私教連六二年闘争は激しい闘いとともに、文化活動が真ん中に座っていた。前述したように実践女子学園の闘いには歌人で共闘会議議長のうすだのぼるさんの詩「みんな、そのことを知っている」のように、闘いのなかに詩があり、歌があり、文化があった。
東京私教連六二年闘争がスタートした時からこの闘争は、厳しく生徒たちの優しい闘いと当時に、文化が真ん中にあっ

たことを話しておかなければならない。実践女子学園闘争の共闘会議議長（歌人）の碓田登さんは、実践の小尾茂さんと長嶋剛一さんが渋谷警察に逮捕された時、組合の会議の関係で北陸にいた。碓田さんは急行北陸号で東京に引き返す最中だった。その時ある組合の方が「同じ夜行列車に乗って同じ時間を過ごしてきたが、その同じ時間に碓田さんはこれから闘う狼煙の歌を十首余り詠んでいた。驚きだった」と、語ったことがある。ではは闘争のスタートとなった歌はどんな歌だったか
『不当逮捕の電報をにぎりしめあかあかと海におちる陽に向かいいる北陸の街』

『非妥協的に闘うのみとかきしるす窓の外は沈黙の夜の日本海』

『共闘会議議長の重責を感じつつ急行北陸号は一路東京』

他方、次の歌は逮捕され釈放された夫を迎える新妻の様子を優しい眼差しで歌っている。

『重いまぶたおしころし帰りつく学園に友の若い妻もうなじをあげて』

闘いを歌にその歌で闘いを激励し、歌集『夜明けまえ』を出し闘いを広める。碓田さんは沢山の本を出版した。今日碓田のぼるさんの本は数え切れないほど多く出版さ

れ碓田のぼる歌人とともに文芸研究者としても優れた仕事をしている。
いかに実践女子学園中高教組の闘いが文化的であったか。闘いの最中に二冊の本『実践女子学園　たたかう教師の記録』（組合編）『学園に真実を求めて』（民衆社）を出版している。『勝利に向かって』という闘いの歌も生まれた。
また、林文雄さんの奥さんは小林喜巳子さんという画家で、夫の文雄さんとともに実践女子学園の闘争に参加。沢山の版画の名作を描いている。今年も小林さんの実践女子学園の闘いの版画が町田市立国際版画美術館（四月十日～六月二十三日）で展示されている。林文雄さんは闘争の中にあって、職場美術展の、例えば石川島播磨重工の職場や関西の職場にも出かけ、援助していた。そして、担当して卒業していく生徒たちには椅子に座ってもらい、美しくリアルな似顔絵を描いて卒業記念品として、一人ひとり一枚一枚わたしていた。そして『美術はどう生活を表現す

るか』（翻訳）や新日本出版社から『運慶』や、『荻原守衛』など名著を出版しており、また、実践女子学園の副委員長の佐原進さん（副委員長・翻訳者）は『第三帝国と宣伝ゲッベルス生涯』（ドイツ）の翻訳を貴重な本として出版、今日も尊ばれ問い合わせがある。実践女子学園ではないが、江戸川区の愛国学園では、平瀬誠一さんは争議を闘いながら、東京の私学の争議を何冊も小説にして出版し、そのうち小説『鳥たちの影』は、『第三十二回多喜二・百合子賞』を受賞した。碓田のぼるさんは詩集『花どき』で第十回多喜二・百合子賞を受賞した。

『東京私教連退職教』も、闘争の支援とともに文化が真ん中に

『東京私教連六二年闘争』とその後を闘った組合員たちは数十年後、『東京私学退職教職員の会』を九七年に設立している。この設立には実践女子学園闘争の中心で闘った長嶋剛一さんが推進者となり、この間も熱心に『東京私学退職脅威職員の会』の発展のため特別な情熱を傾注し、現在、同会の顧問として大きな役割を果たしている。『退職者の会』も今日闘争している東京私教連の裁判闘争支援など、大きな支援を活動の一つの柱としている。と同時に山登りや

卓球などのスポーツや、美術鑑賞クラブ、演劇鑑賞など強く意識されたわけではないが、文化が『退職教職員の会』の真ん中にある。

『退職教職員の会』は二ヶ月に一回機関誌『東京私学退職教通信』を発行している。これは東京の私学の研究や、その他各分野の研究の論文、そして生き生きした川柳、短歌、俳句などが毎回沢山掲載されている。そうした中に碓田のぼるさんは「短歌」新日本歌人・支部例会を月に一回、その中から歌集を出している人も生まれている。私も第一号以来、映画評論を書き続けてきた。私はもともと高校時代から映画、演劇研究、評論家をめざして、早稲田大学の演劇科に学んだ。ところが『東京私教連六二年闘争』がおき、さらにその十年後、「晴天のへきれき」の如く、日本共産党から専従になるようにいわれ教壇を去り、その後、三十年余日本共産党の専従に全精力を傾けた。マルクスやエンゲルスがそうしたように、資本論を著している最中でも、直面する闘争があれば彼らはそれに全力をあげた。私もまた直面する『東京私教連六二年闘争』と、三十年余の日本共産党の闘争を優先した。日本共産党の専従を決意する時は、映画や演劇の研究は「もう無理かな」と半ばあきらめかけたが、運良く日本共産党の専従に定年制が設けられ、私は残りの人生について時間ができた。

『東京私教連六二年闘争』(実践女子学園を軸にした闘い)はどんな闘いだったか。激しく厳しい闘いであったが文化を闘いの真ん中におき、心豊かなわくわくするような、人間性を最も発揮し、教育文化分野、他の分野にも大きな影響を与える大闘争ではなかったか。

そして『東京私教連六二年闘争』は、結果として目立つことは、闘争の中で詩を書き、歌集を出し、小説を書き、版画作品、翻訳作品を残し、評論家を輩出した。闘いのなかでそれぞれが今日日本で貴重で重要な文化人となっている。版画家は闘争の版画を描き、社会的評論を高め、これまた優れた画家となっている。そういう文学作品が残り、またそういう文化人たちを少なくなく輩出している。そういう闘いでなかったか。

これから先のことでいえば、社会を幅広く深く大きく着実に変えていくためには文化が活動や生活の真ん中に必要ではなかろうか。

(「東京私教連退職教通信」二〇一九—七・三、春季号—No.130)

●私学運動とわたし② 教職員組合運動編 ―一九六二（昭和三七）年―
東京私教連六二年闘争 実践女子学園のたたかい 事実をリアルに伝える

一、まえがき

私は表記のタイトルに従って、『私学退職教通信』（№130）の「東京私教連六二年闘争（実践女子学園の闘いを中軸にして）と文化活動について」（文化編）の文章を書いた。私は高齢化して孤立的生活の状況におかれているせいか、また、書いたものが六十年前の古い話のためか、また、別の理由からか、私の文章に直接感想が寄せられることは殆どなかった。

だが、若干の感想が寄せられた。それらを「まえがき」に書くことから始めたい。退職教の仲間からは「文頭から文化で書き出しているのがよい」「読んでいて涙が出てきて仕方なかった」（―三先生を鉄条網と暴力団を排して、自分たちの教室に迎入れた生徒たちの真剣な情熱に対して―）などの、わずかでも私にとって貴重な意見が寄せられ、大変嬉しかった。

学校当局 組合つぶしに躍起
私立学園に不当解雇続出
低賃金と人権無視
生徒、父兄の支持で 広がる民主化闘争
解雇教諭が強行入園
実践女子学園 けさも小ぜりあい
始業式の朝 ひとさわぎ
実践女子学園
またもめる
実践女子学園
帝京学園でも騒ぐ

『アカハタ』（62年9月4日）
『朝日』（62.9.4）
『夕刊讀賣』（62.9.4）
『朝日』（62.9.1）

そのほかに二つほど、手紙による意見が寄せられた。

一つは元実践女子学園の共に闘争を闘った副委員長の佐原進さん（会員名簿No.125）の奥さんから、の手紙である。「碓田様の詩のあたたかさはすばらしく、誰もが励まされ、流れが動いていったことがよくわかります」「この貴重な資料はコピーにして、息子共に送ろうと思っています」。

二つは教え子からのもの（今は高齢女性になっている）。

「実践のたたかいはとても懐かしく読ませてもらいました。『たたかう教師の記録』の表紙を見て、私のその中にいるかなあ」、「いまは地域で月一回教育懇談会をやっています」。「実践女子学園闘争を通じ教師になることを決意し、今も教育のボランティアをやっている間部さんにこの資料をコピーして送ります」「羽渕先生もどうぞお身体に気をつけてご活躍ください。

さらに、強力な友人から『続き』を書くように再三言われた。はじめは躊躇していたが、まだ書いていないことがあるのに気づき、それは、第一回目は文化活動の側面から書いたが、実践女子学園闘争の教職員組合運動を中心とした内容は書いていない。できるだけ具体的な内容を書き残したい。これは「教職員組合運動編」である。

まずはじめに当時のマスコミが六二年闘争について全国に大宣伝したが、一体何を書いていたのか、である。

二、六二年当時、実践女子学園の闘争を一般マスコミは、どういう内容で伝えたか

六二年当時、リアルタイムで、あの苛烈な闘いの様子を、連日、新聞、週刊誌、ラジオ、テレビ、ニュース映画等を通じて、全国に何を伝えたか。どのように書いているか。

以上（前ページ各紙報道）の当時のマスコミの報道の内容をどう思われますか。私はびっくりし、がっかりし、そして怒りがこみ上げてきました。

各マスコミの内容に立ち入ってみますと、『アカハタ』は、労働者の人権と権利、組合潰し

の状況を、六二年当時の東京の私学の状況として報道していますが、『讀賣』と『朝日』は見出しで、真剣な教育闘争を「小ぜりあい」「またもめる」「ひとさわぎ」などと、暴力事件のように取り上げ、一寸の良心も見られず、『サンデー毎日』は四ページにわたって、実践女子学園のことを創立者が明治天皇の女官下田歌子であること、岸信介氏の配偶者が実践女子大学の卒業であるとか、社会党の鈴木茂三郎氏の夫人も卒業生だとか、興味しんしんたるネタ記事を延々と報道。「中学、高校、定時制高校、短大、大学の五部門をかかえて、規模は都内の女子教育専門の私学ではまず第一級といわれている」と真実からはずれた大々的な誇張。他方、教育闘争の真実には触れず、見出しは、「ゆらぐ〝女の園〟実践女子学園」。中見出し、小見出しには「ゴタゴタつづきの四ヶ月」「発端は林先生の解雇」「お願い闘いはやめて!」など。
心に響くのは、民衆社『学園に真実を求めて』(全実践女子学園教職員組合編)の「鉄条網の少女たち―教育を受ける権利の自覚―」の見出しのみといってよい。

三、生徒たちは、朝日新聞記者を追求、なぜ公平に両者の意見を取材して、発表しないのか

マスコミと実践女子学園闘争について。学園側、警察側の発表をうのみにして、小尾、長嶋両教諭の暴行傷害を自明のこととして報道した各新聞社に対する怒りは、生徒たち、組合員、父母、卒業生に共通するものであった。ですから新聞社への抗議は各方面から殺到した。

なかでも『朝日』に対して生徒たちの抗議がいちばん強力であった。生徒たちの各社への謝罪の要請を無視できなくなった各社は、記者を学園に派遣して釈明に当たらせた。ただその中で朝日新聞の記者だけは謝罪も釈明もなしに自己の正しさを生徒たちに逆説得しようとした。酷暑の教室いっぱいにつめかけた一〇〇名以上の生徒たちに向かって、朝日新聞は開口一番「僕は貴女たちに重要な問題を提起する」として、一時間ほどヤスパースの実存哲学などを「講話」した。「私の話がわかりましたか」という朝日記者に何人かの生徒が発言した。

「今日来ていただいた用件に戻ります。今度のいわゆる暴行傷害事件にかんする朝日の記事は、あまりにも一方的だと私たちは思います。この点について朝日の方のご意見をうかがいます」（生徒たち）。「社会の公器はそんな一方的な意見をのせることができません。朝日の記事がデッチ上げだということは、まだ公式的に証明はされていません」（朝日記者）。「私たちが言いたいのは、なぜ両方の意見を公平に聞いて発表できなかったか、ということです」。生徒たちの良識的な意見の主張に、朝日の記者は、最後にたじたじとなり、結局「今後はもっと努

力する。」と約束させられ、不機嫌になって帰って行った。その後も実践女子学園の闘いに関する朝日の記事は、各社の中でも依然としてもっとも不正確なものであった。

四、実践女子学園闘争の力の特徴と魅力について

伊ヶ崎暁生・碓田登著（新日本新書）の『私学の歴史』の中に、「相次いでおこった闘争の中で、もっとも典型的なたたかいとして、大きな広がりと深さをみせたのは実践女子学園闘争であった」とのべ、実践女子学園の闘いの中に、「私学において、経営者の利潤追求の最も大きな犠牲としわ寄せを受けているのは、学生・生徒たちである。教師の解放なくして学生・生徒の解放はあり得ないが、同時に生徒や学生を弾圧から守り、その諸要求を統一し、それを統合してその実現のためにたたかう運動なくして、みずからを解放しえないことも明らかである。学園民主化、不当首切り反対、教職員の生活と権利を守る闘争のなかで、たたかう教師の認識が変革され、生徒もまた、考えない生徒から考える生徒へ、考える生徒から行動する生徒へ、と発展した諸事実は特に重要である」と、実践女子学園の闘争を中心で指導した碓田登氏は以上のように述べている。私もまたそう思うが、その闘争の中で、一人の組合員（組合役員）として、教師の一人として、実践女子学園の生徒たち、実践の組合員と教師たち、父母たち、卒

業生たち、学者文化人たちと共に闘いながら、どんな具体的な行動を起こし、どんな運動を進めていったか、そして、その闘いの中で、どんな事実が生まれ、どんな結果が生まれたか、具体的に書いてみることはきわめて重要ではなかろうか。もちろん、この闘いの力は、共闘会議＝東京私教連、渋谷地区労働組合協議会、自由法曹団、青年法律家協会、渋谷文化懇談会、母親連絡会議等々の底からの支援の力を前提にしている。

①　まずは生徒たちの、教育力、団結力、行動力、創造性、そしてそれぞれの魅力

まずは生徒たちについて。六二年の夏休みに入ると、学園側＝渋谷警察は小尾茂書記長を自宅で、登校中の長嶋剛一前書記長を生徒たちの面前で逮捕した。二人の教師が逮捕された翌日生徒たちは日曜日であるにもかかわらず、緊急連絡をし登校し、一三〇〇名による大集会が理事者側の妨害をけって校庭で開かれた。そして「生徒の会」を作り、次の『三先生（林、小尾、長嶋）を再び教室に！』という声明を発表し

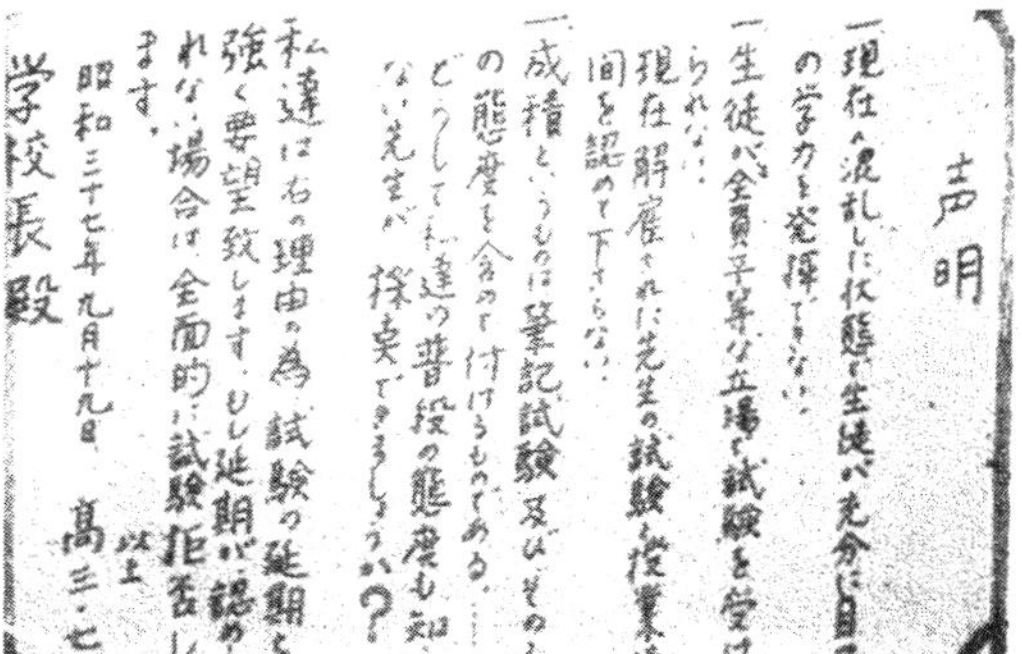
声明
一、現在の混乱した状態で生徒が充分に自己の学力を発揮できない。
一、生徒が全員平等な立場で試験を受けられない。
現在解雇された先生の試験を授業時間を認めて下さらない。
一、成績というものは筆記試験及びその人の態度を含めて付けるものである。どうして私達の普段の態度も知らない先生が採点できるでしょうか？
私達は右の理由の為試験の延期を強く要望致します。もし延期が認められない場合は全面的に試験拒否します。
以上
昭和三十七年九月十九日　高三・七
学校長殿

9月1日午前7時20分3000名以上の登校生にたいする「生徒の会」のビラ入れがはじまった。

た。

やがて、彼女たち五、六〇名の手で、授業開始一時間半まえ（午前七時）の森閑とした校内各所に、大小数十枚のビラやポスターがはりまわされた。

また、理事会側は九月十八日、十九日、定期試験を強行しようとしたのに対して、「生徒の会」と生徒たちは、試験延期を求めて、試験拒否の闘争を行った。この闘争で「生徒の会」と生徒たちはクラスごとに試験ボイコットの投票をきめ、写真にあるように各クラスが高投票率を求める活動で試験の第一日目は一二八〇名、第二日目は一二三〇名を獲得。多数を経て団結して生徒たちは闘った。

〈決議文〉

三先生を再び教室に！

解雇された三先生は常に生徒と共に物事を考え、私達が強く民主的な人間として成長する様に暖く、然も時にはきびしく指導して下さいました。

又私達もそれらの先生方を深く信頼して来ました。私達が望んでいる教育はこの様に生徒と先生が人間的に一体となって始めて達成されるものと信じています。

三先生の解雇によってこの様な教育が否定されることに対して激しい怒りを感じています。私達はまだ生徒であるからという理由でこの事態に傍観していることは許されません。逆に『実践』を愛する生徒であるからこそ母校の危機に強く立ち向かって行かねばならないのです。私達は物事を自分たち自身で考え、正しいと信じることを堂々と述べるように教えられて来たではありませんか！立ち上がりましょう、三先生の解雇撤回のために。

皆さん！生徒集会ではっきり意志を表明しましょう。

一九六二年九月一日　生徒の会

②「生徒の会」、生徒たちは、知恵を出し合い、びっくりするような、創意をもって闘った
実践女子学園の生徒たちの活動は、不眠不休で展開された。警察へ、検察庁へ、裁判所へ。そして校長へ、理事長へそれこそ津波のように連日にわたって押し寄せ闘った。渋谷警察による刑事事件に対しては、生徒たちは連日、渋谷警察署を五〇〇名で包囲し、警察署内の二教諭を激励。二名の教師は完全黙秘で戦い続け、九日目に釈放を勝ち取った。

「生徒の会」主催の第一回『卒業生おくる会』(1963年3月)の記念写真（前列卒業生、後列は組合員と在校生）

理事会側は九月七日、暴力団による三教諭の入門阻止に成功しなかったことに苛立ち、東京地方裁判所に立ち入り禁止の仮処分の申請をした。組合と「生徒の会」は、それを受けて立ち、生徒たちは毎回審問を傍聴し、裁判所の廊下につめかけた生徒たちは、五〇〇名以上。「実践」担当の裁判長は、やむを得ず法廷廊下いっぱいに出てきて、声のある方に向かって、「一言もしゃべってはいけません」と叫んだ。法廷でこの裁判長の行為を組合側は問題にし、裁判長は自分の発言が適切でなかったことを率直にわびた。それだけでなく、東京地裁の民事十一部を分離・拡充

し、以後の労働事件処理が、促進されて、労働運動裁判の重要な成果となった。生徒たちは多数押し寄せるだけでなく、裁判所の仕事に支障を与えたことをわび、実践女子学園の判決が正当に判断されるように、裁判長に花束を渡した。

③　生徒たちの継続性の力、「卒業生をおくる会」ひらく

右記の写真は「生徒の会」主催の第一回『卒業生をおくる会』の写真である。ともしびは消えず、実践女子学園の「生徒の会」は六三年の三月に、『卒業生をおくる会』（これには非組合員の市川たま教諭も参加した）を盛大に行った。この集会では在校生から一冊ずつ、記念アルバムが贈呈され、アルバムとともに、記念写真、先輩によせる在校生へのはなむけの言葉がいっぱい寄せられていた。また、同年十二月には盛大なクリスマス・パーティが開かれ、三教諭を含む全組合員を招待した。

そして、組合員の先生方へ、という手紙が寄せられ、その手紙は「『生徒の会』の会員は、今後いっそうの職場や大学の仲間と連帯して、民主的な諸権利のために、その結集された力で母校の民主化を広く発展させていくこと。今後いっそうつよく、先輩の実践同窓生の進歩的な人々と結び闘っていくこと。そのために機関紙『友情』を努力して広めること」などを決定したことをつげる手紙。つまり、これらの「生徒の会」のたたかいは、継続性、持続性、いっそ

うの広がりという力を持った生徒たちであることを示している。

五、組合の枠を取っ払って、当時の実践女子学園の教職員の特徴はどうだったか

東京私教連六二年闘争を中軸として、自分たちの権利と学園民主化をたたかった実践女子学園の教職員は（ここでは組合の枠を取っ払って）、どんな教師たちの集団だったのか。教師たちの状況はどのようだったのか。中学・高等の生徒数は三六〇〇名。教職員一二〇名。そのうち七〇名が女教師で、さらにその八割が実践女子大出身者、つまり〝子飼い〟で占められていた。

だが、林文雄さんのような教師も何人かいた。林文雄さんは名古屋の出身、旧制第八高等学校（現名古屋大学）から東大の国史学科へ。戦前林さんは古在由重氏らと研究会をやっており、治安維持法で逮捕されたが、中学の時代、伊勢湾での体育の時間、サメの襲われ片足半分をもぎ取られた障害者でもあった。林さんから私は実践女子学園当時、よく聞いたことに、「障害者であったことで治安維持法で特高に逮捕されたが、釈放された」という話を聞いた体験を持つ。

戦後、新鮮な美術評論家として出発し、『美術はどう生活を表現するか』（翻訳）、『運慶』や『荻原守衛』など名著を出しており、芸術文化人、大学の教授のような教育力をもち、実践女

子中高の教師になっていたのである。こういう人は林さんだけではなかった。組合副委員長の佐原進さんは旧制松本高校から京大経済学部へ。戦後は地元の松本で教師をやり劇作家として活躍、有名人。そしてナチス・スターリンの翻訳者・研究者。この人も学者・文化人が実践女子学園中高の教師へ。

さらに若干の文人と言える教師たちもいた。そして、組合員ではないが、社会科の市川たま教諭（市川房枝参議院議員の姉）や国語科の松本なお教諭（日展書道部審査員）なども存在。二人は学校の権力の及ばぬ実力者で、教師や生徒たちに尊敬されていた。また、その年の時期が来ると、前進座のポスターを休憩室に必ず張り出す年輩の女教師（配偶者は医者）もいた（当時、前進座は日本共産党グループと思われていた）。さらに実践女子学園の教師の中には、あらかじめ実践女子大の助教授、教授をめざす、それぞれの分野の専門家がいて、中学高校の生徒たちにそれぞれ専門の話を受け関心をもたらしていた。さらに学園側の親戚に元一橋大学長寥詔健一氏がいて、学園側の企画として全教職員を集め、「教師は労働者ではない」といわせようとしたが、健一学長は「教師もまた労働者である」と講演させてしまい、理事会側にとってはヤブヘビとなった経験を想い出す。

これら実践女子学園の教職員のありようはどんな特徴があったか。当時の区立の中学や都立の高校の教師のありようでもなく、他の東京の私学の教師のそれぞれのありようの中でも、実践女子大をふくむ総合女子学園の中の中学高校の教師集団は、ユニークな特徴と魅力を持った教職員集団ではなかったろうか。私の意見では、日本の歴史の中で、大正デモクラシーという時代があり、教育の民主化の先頭に立った、特に私学の中で児童文学者や文学専門家、研究者がいたことを想起する。その人たちは童謡と教育を結びつけた。そして、それらの人がらが児童教育に力を発揮した。似たような側面と雰囲気を実践女子学園の教師集団の中に感ずる。当時の生徒の林先生に関する感想を紹介する。

「林先生は、私の一番尊敬している先生です。授業に熱が入るし、授業途中の話がとてもいいと思います」（六二年中二生徒）「私は先生の授業が好きでした。なぜなら先生は自分を実力以上にみせたり、生徒に教訓めいたことばかりおっしゃらないで、先生の広い知識をいろいろと私たちに教えて下さる態度は立派だとおもいます。ただ学校の授業では、限られた範囲だけしか、先生のお話をお伺いできないのが、とても残念です」（六〇年高二生徒）。なかには「リラの花は咲いたけど、学園の幸せはまだ来ない」という文言が学内で普及した。これは生徒たちが林教諭から教えられて愛唱していたヨーロッパの民謡『リラの花』の詞を闘争とむすびつけもじったものだった。林教諭はこの『リラの花』を生徒とよく歌っていた。

今日の言葉でいえば、多様性の統一、一人ひとりの教師を画一的に見ないで、実践の組合をとっぱらった目で見たように、そうすれば組合以外の教員の一人ひとりの力見えるのではないか。

① 不当解雇撤回の前兆が見える時、第二組合員、非組合員、第一組合員、全員行動一致、席立たず

〈一九六九年に、中学校と高校の全教職員参加の合同会議（マンモス校であったため一〇〇人余名が出席）で理事会からの「合理化」政策＝「定年切り下げ」についての提案「理事会決定の『通達』発表」がありました。その席で羽渕氏は反対の意見を述べます。理事会代表は、その意見を一方的に否定した上で、問答無用とばかり「会議打ち切り」の宣言をして校長ら理事者は会場から退場するのですが、一般教職員は誰一人として会議室から退席する者がいませんでした。組合員は勿論のこと、非組合員の人たちもお互いに目配せをして、退席せずに羽渕氏の意見を支持する態度を示したのです。理事会はこの即座に示した全教職員の態度を見「定年制の切り下げ」をあきらめます。この事件以後、急速に職場内での力関係に変化が表立って見られるようになり、羽渕氏への信頼と組合の権威も高まり三名の不当解雇は撤回され、この学園紛争も終結の方向に進みます。〉（『現在映画批評』羽渕三良著に収録の「正義を追求して生きる人―羽渕三良」／実践女子学園中学高等学校元教諭・長嶋剛一を参照）
以上の実践女子学園の全体の教師集団間にあって、中核の存在だったのが、実践女子学園中高教職員組合（少数組合）だった。この組合の基本原則は、「①教師はみずからの権利と要求とともに、生徒の教育に対する要求と期待を正面から受け止め、それらを固く結びつけ、方針を

もってたたかう姿勢を明確にし、主体的に活動を行うこと。②この中でかならず生徒は正しい認識を獲得し、正しい自己運動の発展は、父母の意識を高め、集団的なたたかいに参加させていく。生徒は教師と父母とを結ぶ、すぐれたオルガナイザーの役割を果たすようになる」(『私学の歴史』/碓田登著等)教師は生徒たちを信用できるか信用できないか。

六、実践女子学園の正しい発展を念願して(私たちはこう考える)「生徒を守る父母の会」「卒業生の会」も理事会に抗議して

実践女子学園の生徒たちの父母は実践女子学園の闘争にどういう態度をとったか。ほんの一部をのぞいて、(一部とは父母の中に小田村寅次郎氏がいて、彼は戦前、東大大学中、津田左右吉博士の追放に手をかし、戦後は自民党右翼の「教育父母の会」の専務理事として、「ひとりっ子」のテレビ放映阻止に手をかしたこともある)。父母たちは、組合や「生徒の会」の絶大な協力者となった。父母たちは一言で言えば次のような態度をとった。

「生徒の自己運動の発展は、父母の意識を高め、集団的なたたかいに参加していく。生徒が教師と父母とを結ぶ、すぐれたオルガナイザーの役割を果たした」(『私学の歴史』碓田登著)。

「今度の学園民主化闘争に参加したのは、娘と何度も話しあった結果です」。ある父親は組合の教師にこのように告白した。「生徒を守る父母の会」(当時父母の中に岩波新書『江戸時代』の

著者・都立大教授北島正元氏や自由法曹団の弁護士の人たちがいてまとめていた）に結集した大部分の父母は、比較的に余裕のある階層に属しており、なかには会社の社長、大学教授、弁護士、会社の労務管理を担当する人もおり、かつて組合のために、自分の会社をつぶされたと信じている父親も参加していた。「子どもたちには、純粋に生きることの尊さを忘れさせたくない」という父親もいた。それらの父母たちは、子どもへの愛情にみちびかれて正しい教育の必要性をつよく意識しはじめ、各自の姿勢を前進させていった。「うちの主人はこの運動に参加するようになってから、今までのようなワンマンでなくなりました」と、うれしそうに語り合う母親同士の姿が見られた。そして、このような父母集団がいったん形成され、活動を展開することによって、生徒の運動はさらに安定性をまし、広汎な組織性をかちとることができた」（『学園に真実をもとめて』）。村田静子氏（東京大学資料編纂所）を代表委員の一人とする「卒業生の会」も理事会への要請をし組合や生徒たちに大きな激励となった。

七、『実践の教育を守る会』の文化人・学者の広がりと大きな威力

六二年十月十日『実践女子学園の真実を知るつどい』が開催された（東京千駄ヶ谷区民講堂）。他校の高校生、教員、一般市民、文化人など六〇〇人の支援者が参加した。激励にかけつけてくれた渡辺光子さん（新宿『どん底』）のアコーディオン演奏、中央、白樺両合唱団の合唱に

はじまり、私教連実践共闘会議議長の碓田登氏の「実践の女生徒によせる詩」の朗読。自由法曹団松本善明弁護士のあいさつ、さらに、組合が製作した闘争の記録スライド、暴力団とたたかう女生徒たちを見て、すすり泣く多くの支援者がいた。社会評論家の田中寿美子さん（社会党議員）、東大教授の宗像誠也氏の講演。それを契機に『実践の教育を守る文化人の会』の運動が起った。私たちの闘いに対して、事あるごとに援助の手をさしのべてくれた。会員が全員で一一九名ですが、ここでは二〇名の氏名を紹介します。

宗像誠也、務台理作、末川博、沼田稲次郎、和歌森太郎、梅根悟、古在由重、星野安三郎、南博、近藤忠義、遠山茂樹、出隆、柳田謙十郎、壺井栄、村山知義、東山千栄子、望月優子、今井正、山本薩夫。

おわりに

闘われた闘争の成果は実践女子学園の組織や場所のすみずみに波及するものである。実践女子学園の校内の一隅に実践女子学園同窓会館がある。この建物は実践女子学園大学大学院から中学校まで、実践女子学園にかかわる人々、すべての卒業生のセンターというから、北海道から南は沖縄まで実践女子学園の卒業生が各都道府県ごとに組織され、支部をつくり結集している。

この同窓生の中には、地味だが実践の卒業生の有名な芸能人、文化人の何人かが加わっている。その名は、向田邦子（小説家）、渡辺美佐子（俳優）、うつみ宮土理（タレント）。それぞれ社会に明るい光を発進している。ところがＮＨＫ大河ドラマ『おしん』や同『おんな太閤記』に出演していたＴさん（女優）の名は、かっては同窓会の名簿に入っていなかった。同窓会のその当時の指導者がＴさんの芸風が、倫理性に欠けるとか出演人物が倫理性がないとか、という理由で同窓会員から排除したのだ。

ところが六二年の闘争を通じてこの同窓会の体制が新しくなり、会長や副会長が代わった。それを契機として、Ｔさんの同窓会員の籍が復活したというのだ。私はしみじみと実践の闘争をひるがえり、改革はいたる所で連動するものだと思った。嬉しかった。

総論として、実践女子学園をふくめた東京私教連六二闘争は、小学校時代に憲法、教育基本法を学び、新しい教育力を身につけた実践女子学園の生徒たちをはじめ、今日の日本人はさらに六〇年安保闘争を経て、身につけた力を土台に、東京の私学の分野で、憲法と教育基本法をより一層、日本の現実のものにする、六二年闘争はそういう闘いをしたのではなかろうか。

（「東京私教連退職教通信」二〇一九－一一・十、No.133）

第三章　私がたたかった日本映画史

芸術文化への投資は経済波及効果が高い

「日本アートマネージメント学会」（事務局・宮城大学事業構想学部内）という学会が一九九八年十月に仙台で発足した。美術展やコンサート、演劇など、すぐれた芸術文化を、企画から予算の獲得、実現までトータルで運営するノウハウや理念を研究する学会である。同学会は、引きつづいて同年十一月、大阪で研究発表会を行った。

その研究発表会で、同学会のメンバーの一人、東京都参事（統計調整担当）で東京都立短期大学非常勤講師の安田秀穂氏が、注目すべき報告を行った。「文化の経済効果に関する調査研究」と題して、ある産業に一定額を投資した場合、その何倍に当たる生産活動が誘発され、経済が活性化されるか、という研究である。それによると、東京都の場合、芸術文化と建設のそれぞれに同額を投資したとすると、芸術文化に投資したほうが経済波及効果は高い、という見解であった。また、不況だからといって、予算を削って芸術文化活動を自粛するのは逆効果。モノを製造する産業の空洞化が顕著な東京では、こうした傾向が強いという。

安田氏はさらに、映画館の経済効果を産業連関から分析しており、生産誘発係数が二・一〇倍という結果が得られたという。このことは、一〇〇万円の入場券の売り上げがあがると、二一〇万円の生産が誘発されることを意味している。全産業中、生産誘発係数の大きい産業から順番に五つあげると、［輸送機械］が二・五八、［鉄鋼］二・四四、［広告］二・一六、［映画館］二・一〇、［一般機構］二・〇八である。映画館は第四番目に経済波及効果が大きく、［建設］の一・九五に比較してもきわめて高いという。

安田氏はまた、七〇年代半ばのニューヨークの例を引き、都市が衰退から脱却するための政策の一つとして、芸術文化施設や文化事業を振興した都市づくりの経験を報告している。安田氏はいう。

「当時ニューヨークでは、インターナショナル・デザイン・センターが建設され、舞台芸術やギャラリーに対し、市や州が税制上の優遇措置と資金援助を行いました。市を挙げて映画撮影に積極的に協力する文化戦略が展開され、一九八〇年代には、ニューヨーク市は再生への道を歩むこととなりました」

安田氏は、東京地域での［ビデオ・映画製作業］の経済波及効果は全国に波及し、二・〇四倍の生産が誘発されるとし、そのうち八二・一％が地元東京地域へ、一七・九％がその他の地域へ波及するという。

一つの映画を上映するまでには、プロダクション側が俳優を派遣する費用やロケなどの製作費用がかかるほか、フィルム上映や映画館の冷暖房にかかる光熱費、清掃費などが必要になる。

一つの産業がほかの産業といかに刺激し合っているか。以上の分析から、安田氏は、「いま国民は芸術文化による豊かさを求めており、地方公共団体は、地域のさまざまな文化事業へさらなる支援を行っていくことが期待される」と語っている。

（『現在日本映画論』二〇〇一年十二月）

戦後の日本映画の歴史的課題（一九九九年十月）

●日本映画の聖地松竹大船闘争
●日本の伝統的な質が落ちた

大船撮影所松竹「伝統の灯」消す、鎌倉女子大に売却―と朝日新聞が報道

　一九九九年十月二十六日の『朝日新聞』に、表記の文字がおどった。売却の根拠は「九月発表の中間決算が十五億円の赤字に」というもの。これに対して松竹労働組合は、「財政の悪化」は、「積年の放漫経営に起因」「最大の責任はそこにある」「映画・演劇文化の拠点である大船撮影所、中座（大阪）の売却は社会的にも許されるものではない。断固抗議する」と発表した。

　いうまでもなく、松竹大船撮影所は日本の映画界の老舗中の老舗である。今日まで数多くの名作、巨匠、名優を世に送り出してきた。名

松竹シネマワールド跡

作では『東京物語』（監督・小津安二郎）、『二十四の瞳』（同・木下恵介）、『君の名は』（同・大庭秀雄）、『砂の器』（同・野村芳太郎）、『男はつらいよ』シリーズ（同・山田洋次）などである。監督には、それ以下に成瀬巳喜男、五所平之助、吉村公三郎、小林正樹、山本薩夫、俳優には笠智衆、高峰秀子、原節子、佐田啓二、岸恵子、渥美清ら。

まず、結論からいうと、松竹大船撮影所の売却とは何か。それは、日本が世界に誇る日本映画の文化の遺産と伝統、その継承と発展の根拠地・土台を壊す自殺行為にほかならない。

松竹大船撮影所の正門。「売却反対」の看板が見える　　撮影　2009年3月24日

「大船撮影所をなくすな！」
12.9 決起集会

「大船撮影所をなくすな！」十二・九決起集会

一九九九年十二月九日、表記の集会が大船撮影所ステージで開催された。集会には二五〇名の参加者が集まり成功した。参加者は遠くは北海道、福岡からも。監督、俳優など映画人から多数のメッセージが寄せられた。

二〇〇〇年四月五日の
SAVE THE OFUNA STUDIO!
日本映画を愛する集いが成功

この集会にメッセージを寄せてくれた俳優・監督の映画人の代表の中から四人のメッセージを伝えたい。
西田敏行さん　昨年十二月、六三年の伝統を持つ松竹大船撮影所が売られた。『生きる情熱』『映画への熱情』を失うことなく働ける現場を確保して下さい。皆さんの仲間、俳優西田敏行。
朝丘雪路さん　大船撮影所は女優朝丘雪路の青春があります。大船撮影所には、私の夢があります。大船撮影所は私の故郷です。そんな大船撮影所の灯を消さないで下さい。
大林宣彦さん　日本映画を創造するのは、古き良き撮影所の伝統を守り抜くことからこそ始められるべきです。
高畑　勲さん　風格ある映像を生み出すには優れた技術を継承・発展させ、経験を蓄積しうる拠点が絶対に必要だと思います。大船撮影所はその一つのはずです。

日本映画を愛する集いのポスター

労働組合、東京地方労働委員会に「申立書」を提出

二〇〇〇年一月七日、松竹労組は東京地方労働委員会へ不当労働行為救済命令の申し立て書を提出。申し立て理由は、組合員の生存の基礎である組合の団結権が羽毛のごとく軽視されるような風潮が放置されてよい道理はない。今こそ労働者の生存権を支える最後の砦たるべき団結権、その成果としての労働協約をかくも乱暴に踏みにじったうえ、松竹株式会社の不当労働行為の非を内外に明らかにすることによって、不当労働行為の再発を抑止することの必要性はことのほか大きい。

時代劇用のセット、居酒屋などの商店が並んでいた

二〇〇〇年六月二十八日、労使相方が都労委での合意経て合意書結ぶ
―撮影所は日本の伝統的な〝学校〟〝映画の学校〟は残せ―

合意書を一言でいうと次のようになろうか。
① 新しい松竹の撮影所を作る。
② 松竹映画に対する熱い思いから大船撮影所の売却を憂い、その再生を願う多くの映画関係者、映画ファン、地元住民等の声を真摯に受けとめたうえ、映画製作を本業とし、同撮影所

で培われた職能、技術の継承を図る立場から物的人的両側面より映画製作の拠点を確保、再生するものとし労資双方これに協力する。

そしてさらに念を入れるというか、大谷信義社長が　誓「松竹は新撮影所を必ず建設します」と念書を入れた。つまり、戦後の天下分かれ目の争議もいうべき松竹大船撮影所売却反対闘争は一応収まった。

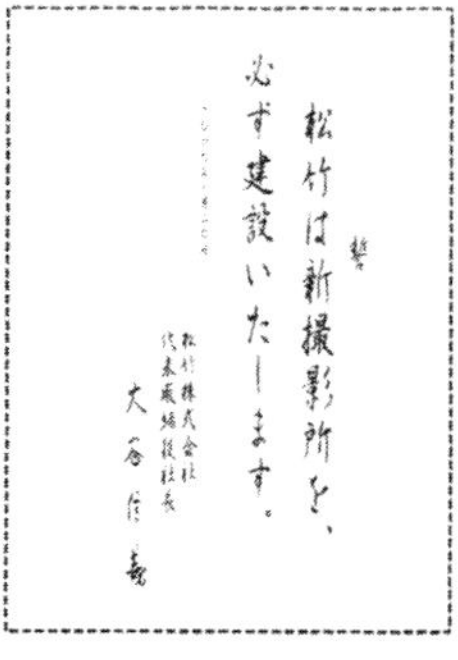
誓
松竹は新撮影所を、
必ず建設いたします。
松竹株式会社
代表取締役社長
大谷信義

ところが　おわりに

松竹労資双方の合意書が作られてから、二十年後新しい撮影所は作られなかった。裏切ったのは資本家側だった。その結果、日本映画の伝統的な質は大きく落ちた。例えば、細かいことかも知れないが、日本映画の録音の技術は劣悪化している。俳優のセリフがはっきりと聞こえない。小さくても大事な音が今日では拾えていない。テレビも最悪だ。

（「保存会ニュース」二〇二〇―九・十、No.409）

第四章　山田和夫さんと新藤兼人さんを語る

――山田さんを偲ぶ　巨星が墜つ

山田和夫さんと新藤兼人さんを語る——山田さんを偲ぶ　巨星が墜つ

映画評論家であり、映画理論家であり、映画史家でもあり、さらに映画運動のリーダーでもあった山田和夫さんが二〇一二年八月十一日八四歳で亡くなった。今日日本の映画でこれほどまでに多方面で多くの仕事をした人はそう見つからないし、これからも山田さんのような人はなかなか出てこないのではなかろうか。
山田さんは東大を出て映画業界紙でおよそ十年間働いた。反戦平和の方向と同時に「この仕事が私の映画研究、映画評論、映画運動のもうひとつの方向を決めた。それは大変よかった」とよく言っていた。
つまり、日本の映画産業のあり方を根底に関連させて映画を見、映画を研究し、映画の運動を起こすという、山田さんの仕事が始まった。「日本の大手といわれる東宝などの映画会社は自分の会社では映画を作らず、独立プロの作った映画を配給興業していて、いってみれば、それは不動産会社のようなものだ」とも言っていた。このことは山田さんの他の追随を許さない特徴のある仕事の内容のひとつである。

その後山田さんは「新聞赤旗日曜版」の記者にならないかと要請された。そうすれば不安定な映画評論家などとの生活から一定程度の生活が約束されたが、山田さんは熟慮した結果それを断り、日本でも世界でも映画のより広い仕事ができるように、世界に向けてさらなる大出発をした。

モスクワ映画祭、アメリカと闘うベトナム映画人や中国映画人、さらにキューバ映画人らとの交流などで、世界の映画評論家・映画研究家・山田和夫と羽ばたいた。

山田さんについて忘れてはならないのは、映画運動のリーダーとしての業績である。「日本映画復興会議」「映画人九条の会」「エイゼンシュテイン・シネクラブ（日本）」「全国映連」「全国映画センター連絡会議」「親子映画」など、沢山の運動体を組織、あるいは役員を引き受け、日本の映画や映画界の民主的発展のために献身した。全国のあちこちの映画サークルに出かけ、日本映画の向上のためには「映画の鑑賞者の鑑賞能力を高めなければならない」と訴え続けた。

また、山田さんの仕事の大事な内容として反権力の斗いを決して忘れてはならない。アメリカ映画界で反共産主義と闘う「ハリウッド・テン」の闘争を調査し研究し、「ハリウッド良心の勝利」（新日本出版社）という本を出版し、また、日本では六〇年安保闘争の後、大学教授や映画界の中でも「挫折」という状況が現れ、民主的映画の代表・山本薩夫監督の『武器なき斗い』などの作品に対して、一部の映画人から「山本薩夫抹殺論」という攻撃が行われた。これに対して山田さんは敢然と評論で反論した。どちらに大義があったかは、今日までの歴史が明らかにするところである。
最後に、山田さんが以上のような大きな仕事ができたのは、映画評論家というわずかばかりの原稿料では経済的に不可能であり、山田さんのそれらの仕事を土台で支えたのは、山田さんの奥さんの雅子さん（矢島雅子／高校の先生）の財政的支えなくしてはなしえなかったこと。そして、雅子さんは前述の「エイゼンシュテイン全集」全九巻の翻訳者チームの一人であったことも付記しておく。

（「今井正通信」二〇一三―一・一、No.44号）

新藤兼人監督と映画評論家山田和夫さんは日本映画の再生向上を願って支援し激励し合った唯一無二の親友であり同志

新藤兼人監督と映画評論家山田和夫さんは、日本映画の再生向上を願って、支援し激励し合った、唯一無二の親友であり同志であった

新藤兼人監督は二〇一二年五月二十九日に一〇〇歳で、映画評論家山田和夫さんは同年八月十一日に八四歳で亡くなった。エイゼンシュテイン・シネクラブ（日本）という団体で新藤さんは顧問。山田さんは代表、私は運営委員。日本映画復興会議では山田さんは最後は顧問で、新藤さんはいわゆる日本映画復興会議復興賞を三回、日本映画復興大賞一回受賞、私は現在は幹事。二人の晩年の十数年間は、それらの団体で一緒に仕事をし、また近くで仕事を見てきた私である。

その立場からして、二人の間柄を適確にどう表現すればよいのか。私は率直に言ってこの小文のテーマに書いたように「日本映画の再生と向上を願って~唯一無二の親友であり同志であった」というのが、最もふさわしいのではないかと思う。今回、その理由のいくつかを書いて見たい。

二人の出会いのスタートは第二回モスクワ映画祭（一九六一年）、『裸の島』が爆発的に全世界に波紋、累積赤字を解消

第二回モスクワ映画祭で山田さんと新藤さんはモスクワで二週間ほど一緒に過ごした。山田さんは同映画祭の日本側の担当、山田さんは新藤さんの合意をえて、映画「裸の島」（一九六〇年）を同映画祭に出品。ここで突発的な大事件が起こる。『裸の島』が「映画祭二日目に上映されると同時に爆発的な反響が波紋を広げ、世界各国のバイヤーが新藤さんを追いかけ回した。なかには札束をにぎって現金取引を試みる人物までいた。新藤さんは通訳に命じて世界地図をかってこさせ」「話のついた地域をペンでぬりつぶした。」「映画祭の最終日『裸の島』のグランプリが発表され」「世界六十三ヵ国と契約」「世界地図はあらかたぬりつぶされ」「近代映協はこの時の世界的成功で創立以来の赤字を一挙に解消した」（『日本映画の歴史と現代』／山田和夫）。

新藤兼人氏

この内容からわかるように『裸の島』の作品の力と、山田和夫さんの同作品のモスクワ映画祭への出品のサポートが、まさに合体して映画『裸の島』は世界的に大いに評価されるし、近代映協の独立プロも倒産せず、今日まで存続することになった。もし、かりにこの時の巨額の収入がなかったとしたら、新藤監督のその後の沢山の

名作も生まれなかったか、ということになる。これが私がいう二人の「唯一無二の親友であり、同志である」始まりである。

第二回モスクワ映画祭の『裸の島』の大反響による多額の収入と新藤監督の映画『第五福竜丸』（一九五九年）との関係について、新藤さんは別の所で次のように語っている。

『第五福竜丸』の映画を作ろうとして焼津に行き、「宿屋に泊まったんですけど、宿賃が払えないんですね」「飯は出していただいて」「たまねぎを買ってきて、それを微塵に切って、それに鰹節をかけ、醤油をかけて」食べた。そして第二回モスクワ映画祭で映画『裸の島』に「サインして売るたびにもう焼津が頭に浮かんできて」「それで宿賃を払いに行ったんですよ」「ご主人も吃驚しているような感じ」で、「本当はもうその辺で潰れて」いたのに。「うまくいっ」たのがモスクワ映画祭の『裸の島』の多額の収入だったことを「映画人九条の会四・一四映画と講演の集い　映画『第五福竜丸』について語る！」（二〇〇五年四月十四日）で新藤さんは秘めていた胸の内を明らかにしている。

「裸の島」（1960）

新藤さんは「エイゼンシュテイン・シネクラブ（日本）設立に協力、山田さんは日本映画復興大賞授与で応える」

エイゼンシュテインという旧ソ連の映画の名監督をご存知であろうか。十九世紀の終盤から二十世紀中盤にかけて活躍し、『戦艦ポチョムキン』などの世界的にも有名な古典的名作を残した人。と同時にエイゼンシュテインは映画を大衆啓発の「道具」として、当時のソビエト政権の革命と社会主義の思想を伝達する方法を探求し、モンタージュという理論を確立した。戦前日本にも映画『戦艦ポチョムキン』は横浜の税関までやってきたが、当時の天皇制権力は「国民に見せるのはよくない」としてフィルムを送り返した。山田さんは、東大自由研究会（一九四八年）のころからエイゼンシュテイン研究会を始め一九五六年から仲間たちとエイゼンシュテインの名作『戦艦ポチョムキン』の自主上映運動を大成功させてきた。

『戦艦ポチョムキン』という映画は「オデッサの階段」の六分間の部分がとりわけ有名である。乳母車とその中の赤ん坊。美しい女性（母親）が倒れ、母親が乳母車から手を離して、赤ん坊を乗せた乳母車だけが奈落の底へと、階段を大きく揺れながら落ちていく。恐怖とサスペンスの場面である。山田さんは「民衆の悲劇と不幸を象徴し、それらを凝縮している」とよく解説をしていた。

他方、新藤監督も戦前伊藤大輔『忠治旅日記』三部作―『甲州殺陣篇』『信州血笑篇』『御用

篇』（一九二七年）などの作品からモンタージュ理論について強い関心を持ってきた。そして日本映画復興会議などの集いで、新藤さんはモンタージュ理論の優れた内容をよく語っていた。山田さんは新藤さんらの協力を得てできあがったのが、「エイゼンシュテイン・シネクラブ（日本）の発足（一九九〇年）」（エイゼンシュテインの日本における研究・普及の拠点）である。今日も同クラブは継承され毎月例会を行っている。前述したように新藤さん、山田さんは亡くなるまで同クラブの顧問と代表で活躍した。この二人が力を合わせてはじめて、「エイゼンシュテイン・シネクラブ（日本）」は設立されたといってよい。

新藤さんの日本映画復興会議の復興大賞の受賞の方はどうか。同会議は一九六一年に設立された。初代議長は今井正監督で、二代目議長には山本薩夫監督が継承した。山本監督が議長の時、「日本の平和と民主主義を守り、戦争に反対し、ヒューマニズムの理念に徹した日本映画界の業績」を表彰するとして、「日本映画復興賞」発足させ、今日まで歴史を刻んでいる。二〇一一年度第二十九回目の復興賞として『一枚のハガキ』の新藤兼人監督と俳優の西田敏行さんが受賞した。新藤さんは一九八八年第六回目も復興賞を受賞し、中でも二〇〇五年第二十三回目の際、唯一人「第一回日本映画復興大賞」を受賞している。新藤さんに第一回復興大賞を推薦したのは山田さんであり、その受賞文を書いたのも山田和夫さんであった。その文章は次の内容である。

第一回日本映画復興大賞
新藤兼人殿
貴方は一九三四年に美術の現場から映画界に入り　戦後第一級のシナリオ作家として デビュー　一九五〇年独立プロ・近代映画協会を創立　一九五一年から監督業にも進出 世界的な巨匠へと登りつめました　その間　深い人間洞察と熟達した映画作法　とり わけ反戦反核平和への信念によって　日本映画人の範たる輝かしい業績を積み重ねてい ます　私たちは貴方の生きざまこそ　日本映画の再生と発展に限りなき勇気と励ましを あたえるものとして　第一回日本映画復興大賞を贈り　その功績を讃えます

二人は反戦反核平和、反権力の信念で映画を制作し　映画評論・理論を行ってきた

新藤さんも山田さんも反戦反核平和・反権力の信念でそれぞれの仕事をし続けてきた人たちである。まず反戦反核平和のことでいえば二人の年齢は十六歳差があるが、アジア太平洋戦争の実戦に参加した点に共通点がある。それがその後の反戦反核平和のそれぞれの思想を自らの中に創り上げてきた歴史的な背景となった。新藤さんは八月六日原爆を投下された広島市に生

まれ、さらに一九四四年四月に松竹大船撮影所の脚本部に籍がある時、兵隊に召集され、その体験は新藤さんの最終作『一枚のハガキ』に見るとおりである。新藤さんの反戦反核平和の映画群は『原爆の子』『第五福竜丸』『さくら隊散る』など名作揃いである。
山田さんの方はどうか、旧制の高知高校生の時、GHQの指導で作られた憲法九条をテーマとする映画『戦争と平和』を見て、「あの戦争が侵略戦争であったと理解」「映画が私を救った」(『私の映画大学』)といっている。その後山田さんは反戦反核平和の仕事を貫き通した。それは山田さんが亡くなって「しんぶん赤旗」に寄せられた読者の言葉が何よりも明らかにしている。

大阪・富田林市　今市五郎（六二歳）
「映画評論家の山田和夫さんが亡くなられた」「山田氏の評論は理論的かつ明快だった。特に戦争映画による巧妙なイデオロギー操作に対して徹底した批判を展開した。それはご自身が特攻隊員の生き残りとして、戦争がもつ魅力（魔力？）を何よりもよく理解していたからであろう。赤狩りに抗したハリウッドスターや監督のエピソード、A・ヘプバーンが少女時代に反ナチ闘争に参加していた話などは、映画『カサブランカ』と重なって、胸が熱くなったのを思い出す」
（「しんぶん赤旗」二〇一二年九月五日）

山田洋次映画監督は「君付けで呼んでくれた山田和夫先輩のこと」という文章を「しんぶん赤旗」に寄せている。「山田さんは組織者として日本映画界の民主化のためにこつこつと身を粉にして働きつづけられました。全国映連、映画大学、エイゼンシュテイン・シネクラブなどの集まりには常にこの人があった」（「しんぶん赤旗」二〇一二年八月二十八日）と。


最後に新藤さんと山田さんの反権力などの闘いはどうだったのか。それぞれ一人ずつの例を書いておくことにする。

アメリカ占領期の日本映画界で松竹六六人、大映三〇人、東宝一三人、日映二五人、理研三人のレッドパージ。その中の一人『裸の島』など新藤兼人監督のカメラマンとして一緒に仕事をした黒田清己氏のことをふくめ、新藤さんの著書『追放者たち―映画のレッドパージ』（岩波書店一九八三年一月）で新藤さんはこれらの不当な弾圧事件を告発している。他方山田さんの方はどうか。六〇年安保闘争で安保条約が「自然成立」して、一部の映画人らが民主的映画の代表・山本薩夫監督の「武器なき斗い」などを、安保闘争を「挫折」させたブルジョア議会主義の映画と決めつけ、「山本薩夫抹殺論」を扇動した。山田さんはこの不正不当な攻撃に対して、敢然と反論活動を展開。今日、どちらが正しかったかは、歴史が証明している。

最後に、新藤さんと山田さんは二〇一一年五月二十一日、日本映画復興会議五〇周年記念第二十八回日本映画復興賞の贈呈式&祝賀会で会うはずであった。場所は東京NHK青山荘。新藤さんは日本映画復興会議五〇周年記念復興賞受賞と山田和夫さんに会うために、車椅子に乗り押されて時間前に現れた。山田和夫さんはその時よりおよそ二年半前の夏、新宿で脳梗塞で倒れ病院に入院中。それでも前日まで医師の付き添いで青山荘にきて新藤さんと会えることになっていた。

だが当日山田さんは高熱で無念にも欠席。長年の唯一無二の親友であり同志であった山田さんに会えなかった新藤さんはこの日、「ここに山田氏がいなくてとても残念。山田和夫氏のロシア映画への貢献は偉大であり、まだまだ、ロシア映画の素晴らしさを若い人にも伝えてほしい。それが日本映画の発展にもつながる。山田さんの病気の回復を願う」と集まっている人たちに向け語りかけた。山田さんの代わりに出席していた山田夫人は、新藤さんの言葉に感謝の意をのべ、「山田和夫に伝えたい」とむすんだ。

そして直後新藤さんは車椅子で山田さんが入院している病院に出かけ二人は会った。二人が出合ったのは、それが最後となった。

（「東京私教連退職教通信」二〇一二―十一・十四、No.90）

山田和夫さんのシネマ&レクチャーリポート、映画史上最高の思想と表現ー『戦艦ポチョムキン』

表記のテーマの仕事は、山田和夫さんでしかできない仕事ではないだろうか。全国映連（映画鑑賞団体全国連絡会議）が主催する「第三十八回映画の仲間全国学習交流集会」が二〇〇五年十一月十二〜十三日、静岡市清水で開催された。二日目、山田和夫氏（日本映画復興会議代表委員）が『戦艦ポチョムキン』（一九二五年）の上映を他に比類のない思想と表現の特徴とこの映画の力（魅力）を生き生きと同時解説をした。

まずは、一九七六年新版、監督＝セルゲイ・エイゼンシュテイン、撮影＝エドゥアルド・ティッセ、音楽＝ドミートリ・シュスタコーヴィチによる『戦艦ポチョムキン』が上映。上映時間は七十五分間。

引き続いて山田和夫氏が、今日も世界中で上映され、八十年間も生き続けている『戦艦ポチョムキン』の偉大な力（魅力）について次の二点を指摘した。

その一つは『戦艦ポチョムキン』が明らかに革命の映画だということ。圧倒的多数の民衆が歴史の主人公であり、虐げられた民衆が自らの権利を自覚して立ち上がる。それまでの映画には、いろんな主人公が出てきて「貧乏人も金持ちの主人公も出てきたけれど」「民衆が歴史の主人公だとはっきり主張したのは、この映画が初めてだ」と。

『戦艦ポチョムキン』のもう一つの偉大な力（魅力）は「映画の革命になった」ということだと、山田氏は指摘。民衆が集団となって行動し、集団としての民衆を映画の主人公とする。そのときまで、演劇の枠の中発展してきた映画というものを、舞台の枠を取り払い決定的に映画独自の世界へ切り開いた。「こうした映画の発展は『戦艦ポチョムキン』をもって始まった」。

葛藤と対立の仕掛けを見る

山田氏の「いま、映画からまなぶもの『戦艦ポチョムキン』シネマ&レクチャー」の佳境の話は『戦艦ポチョムキン』の「後甲板のドラマ」の第二章と、「オデッサの階段」の第四章を会場のスクリーンに写しながらの同

『戦艦ポチョムキン』「オデッサの階段」の場面

時解説である。

第一章の「後甲板ドラマ」から「蜂起」までの、動く映像を見ながらの山田氏の同時解説とは──。

甲板上の階級的な秩序（ヒエラルヒー）を、まさしく視覚的に的確に伝えていること。それは水兵たちが甲板に招集され両側に並ぶ。水兵たちを囲むように士官たちが並ぶ。その中央に司令官ゴリコフが台に立つ。ちょうど「コ」の字をうつ伏せにした形の幾何学的にバランスむがとれた態勢。それに真っ正面に位置する二門の大砲による圧力、これが基本的な構図。やがて、この基本構図が不安定な動揺に。自分たちの仲間（水兵）を撃たなくてはならないことを知った一人の衛兵隊員が「後ろを振り向き」「下を見て」「前をむき直す」。そして態勢が崩壊する。

これを「言葉で説明でなく。目で見る映像の視覚的表現によって、その変化を（鑑賞者）伝えている」。「ここが『戦艦ポチョムキン』の大切な見逃してはならない見所だ」と山田氏は解説。

「撃て！」の命令と同時に、水兵たちの指導者のワクリンチュクが「兄弟たち！誰を撃つのか?」。「まなじりを決して叫ぶ、この痛切な叫びにこもった人間愛これこそ革命の思想の凝縮がここにある」。「みんなは一人のために、一人はみんなのために」。二回繰り返される、この言葉がキーワード。「この思想としっかりと結びつき、革命とは本来人間を殺さない、平和と人間の尊厳である」。山田氏はそう力説した。

もう一つの山田氏の同時解説は、第四章の「オデッサの階段」の場面。世界映画史上もっとも「有名な六分間」といわれている場面である。

混沌としていた民衆の流れが、軍隊が襲撃してくることがわかって、整然と一つの方向になる。動きの構図は─。

画面は左から右へ、上から下へ。「注意して見てほしいのは、民衆は子どもも含めて驚き、苦しみ、悲しみの表情はきわめて豊か。いろいろの顔のクローズアップはシンフォニーともいえる。他方、弾圧する軍隊の側は顔が写らず、出てくるのは鉄砲と軍靴。殺す側は人間でなく弾圧の機械」。

息子を殺された母親は、息子を抱いて「撃つのをやめて下さい」と下から上への抗議の動き。何人かの女性たちが母親の後に続いて下から上へ。

「『戦艦ポチョムキン』のもう一つの葛藤と対立の仕掛けは次のことです」。乳母車とその中の赤ん坊。美しい女性(母親)が倒れ、母親が手を離して、赤ん坊を乗せた乳母車だけが奈落の底へと、階段を大きく揺れながら落ちてゆく。恐怖とサスペンスの有名な場面。この場面を「民衆の不幸と悲劇を象徴し、それらを凝縮している」と、山田氏は同時解説する。

さらにもう一つ。「階段がきわめて重要な役割を果たしている」として、「平和で軍隊が民衆を追い散らすのでなく、上から下へ軍隊が民衆を襲う。軍隊が乗りかかって民衆を潰してしまう。この表現には上から下への階段がピッタリである」と山田氏は補足した。
以上、山田氏の「シネマ&レクチャー」の分科会には、学習交流集会全参加者八八名のうち、およそ半数の人たちが集まった。集まったすべての人が、山田氏がものの見事に語る『戦艦ポチョムキン』の映画史上最高とされる思想と表現のレクチャーに引き込まれるように聞き入った。

（「東京私教連退職教通信」二〇〇五―十一）

山田和夫さんの講演（第19回杉並・中野・渋谷多喜二祭）から

小林多喜二の映画論・映画の心（上）

二〇〇七年二月十六日、「なかのゼロホール」において、小林多喜二没後七四年／第十九回杉並・中野・渋谷多喜二祭実行委員会が主催する、「多喜二祭」が開催された。映画評論家の山田和夫氏が、「多喜二が愛した映画の心」と題して、多喜二の映画論を語った。山田氏は、今日においても多喜二の映画論の原則的で鋭い見解は生きており、今の日本の映画と映画界がどうあるべきか、学んでいかなければならない内容がある、と力説した。

多喜二は一九二九年、二十六歳の時、日本プロレタリア作家同盟の創立にあたって、中央委員に選ばれている。この年、「蟹工船」を発表。一九三〇年の三月、小樽から上京して東京・中野に下宿する。

小林多喜二（市立小樽文学館提供）

多喜二が映画論を書いたのは多喜二の小樽の時代。一九二七年から一九二九年の頃であった。山田氏は、まず、一九二九(昭和四)年十二月二十日、札幌に「札幌松竹座」という映画館が新設されたが、その際発刊の「松竹座パンフレット第一集」に掲載された多喜二の文章を読み上げるところから本格的な話に入った。

「あのタドタドしい文学が滅びることがあろうとも、窮屈な『芝居』が、また音ばかりの『音楽』が滅びることがあろうとも、この『機械の上にまたがった騎士の如き芸術』は荷車を追い越す機関車のように無慈悲にそれ等を黙殺して行くだろう。映画が芸術の『王座』に坐る日の来るのは空想でなくなった!」

国際的にも評価の高い日本の代表的な革命的作家小林多喜二が、文学をさしおいて映画について、このようなことを語っていたことを山田氏は明らかにした。産業革命から近代資本主義へ。その中での科学技術の発展によって、生み出されたのが映画(「映画の誕生日」は一八九五年十二月二十八日)。きわめて娯楽的で(大衆的で)芸術的な映画に対して、多喜二は映画に強い関心を寄せ、前述の文言のように大きな期待を寄せたのである。これが山田氏が語る多喜二の映画論の出発点である。

●多喜二の文体の中に強い影響を見る

つづいて、山田氏は、「工場細胞」(一九三〇年代に発表)の最初の出だしを読み上げた。

「金網の貼ってある窓枠に両手がかかって――その指策に力が入ったと思うと、男の顔が窓に浮かんできた」「鉄骨の梁を渡っているシャフトの滑車の各機械を結びつけている幾条ものベルトが『ヒタ、ヒタ、ヒタ、タ、タ、・・・・』きまった調子でたるみながら回転していた」最初の出だしについて――山田氏はそれは「そのまま、映画のクローズアップ（大写し）である」と語りながら「工場細胞」の前述の文章を解説していく。

「あらっー」

「『田中絹代』が声をあげた。この工場の癖で、田中絹代と似ているその女工を誰も本名を云うものはなかった」

この当時の名女優「田中絹代」の名を、多喜二がそのまま使ってこの小説に書いていることも指して、山田氏は「日常的に映画が庶民の中に溶け込んでいて、そのまま多喜二が文章に反映させていることに注目してほしい」と。そして「ぜひ、みなさんに、多喜二の文学の文体の中の、映画の影響について、研究をしてほしい」。「私は、『蟹工船』（一九二九年発表）の出だし『おい、地獄さ行くんだで！』二人はデッキの手すりに寄りかかって（中略）海を抱え込んでいる函館の町を見ていた。（後略）」にも映画の影響をみると付け加えた。

●多喜二のチャップリン論＝現代階級社会における映画の罠への指摘

多喜二は北海道拓殖銀行小樽映画鑑賞会の非常に熱心な会員（恋人・タキとともに）となっ

た。そして、その機関紙『シネマ』に、映画批評、映画評論を常連の書き手のように書いている。その中に、「チャップリンのこと其の他のこと」（『シネマ』一九二七年十二月創刊号）がある。さらに『小樽新聞』（一九二七年五月二十三日号、同年三十日号）に『十三の南京玉』という映画評論も書いている。後者では、

「自分はチャップリンの『巴里の女性』が来たとき一週間のうち三回も行った。『黄金狂』は二回見た。あの素晴らしいチャップリンの芸術にすっかり自分は傾倒してしまった」

と書き、前者では、

「が、チャップリンはかんじんかなめの処で何時でも『あるもの』と妥協している」「チャップリンは、結局、しかく（著者注・そのように）重大なるべき社会関係に眼をつぶり」「男と女との一面的なセンチメンタルな運命劇を描く、単なる詩人に（漫画化された二十世紀のハムレット詩人に）なりきってしまう運命になってしまったのである」

小林多喜二（1929 年小樽）

と多喜二は鋭い指摘をしている。山田氏は、チャップリンの『巴里の女性』（一九二三年）や『黄金狂時代』（一九二五年）の作品までに対する、多喜二のこの指摘は的を得たものであると考えると、同時にチャップリンはこの多喜二の

批判にこたえるかのように、機械文明が労働者の人間性を破壊していく『資本論』の世界を怒りをもって描いた『モダンタイムス』（一九三六年）や、ナチスヒトラーのファシズムの脅威に民主主義をと訴えた『独裁者』（一九四〇年）などの作品をその後作り、はからずも、多喜二の批評を乗り越えていったのではないか、と自らの見解を述べた。

前述した『シネマ』に、「さて諸君！」（一九二八年三月号）という映画評論と同じ『シネマ』の一九二九年新年号に、「映画に顕微鏡を？」という、映画に関する小論文を多喜二は投稿している。その中（「さて諸君！」）で、多喜二は、

「この社会制度の下で製作される映画は、その理由によって、多かれ少なかれ、『阿片のカクテエル』を含有している—又含有せざるを得ないのである。『宗教とは阿片である』という言葉がある。今自分は映画の中に、その阿片を発見した。そしてその眼で見れば、どの映画にも結核菌のように、阿片が色々の形態委で、色々の色彩で、色々の味わいで存在しているのを、自分は知った」（著者注・この小論には、当時の科学的社会主義の歴史的制約の内容もある）。

と述べ、そして「映画には顕微鏡を？」との中では、次のように論じている。

「労働する百万の大衆は映画に対して、酒と同じものしか求めてはいない。その心構えのないところをつかんで、映画はその独特な魅力をもって、実に知らないうちに彼等の心に色々なものを染みこませてしまうことが出来る。その魅力を自分は恐れている」「『シネマ』愛読者諸

君！我々は映画劇場へ、必ず一個の顕微鏡を持って行くことを約束しよう！―マルクス主義の顕微鏡を！」（著者注・この小論も当時の時代の制約がある）
山田氏は、これらの大事なところを読み上げ、これらの見解には、原則的すぎるところもある。だが「現代社会における映画の役割（「カラクリ」）を鮮明にし、今日においてもそれらは本当に大切な映画評論であり、現在の映画批評、映画ジャーナリズムの多くの部分で欠落しているものである」と強調した。
以上のような、多喜二の鋭くして、的を得た映画批評を「映画鑑賞者の能動性」に関連し、山田氏は今日的問題点、到達点について、『映画文化とその周辺』（一九七五年／清山社）の中で、次のように述べていることを紹介しておこう。
「映画は想像から鑑賞にいたるまで、製作、配給、興業という産業形態をとり、資本の支配と干渉をうける。このことが同時に、大量の消費者＝観客を必要とし、資本もまた観客である大衆の要求を無視することは不可能である」「つまり、観客の鑑賞力が高まれば高まるほど、映画人が資本の支配下でもよりよい映画をつくりうる条件が広がるのである」「そして映画という商品は、消費者の精神要求にこたえる」。（つづく）
（「保存会ニュース」二〇二二―一・十、№423）

小林多喜二の映画論（下）

●そして、最後に多喜二は「自分たちの映画をつくること」を望んだ

多喜二はまた、前出の映画評論「さて、諸君！」で、続けて、次のように述べている。

「自分達は、自分達の『意識』をいつでも訓練して、そして遂にそういう映画を断然『ボイコット』しなければならない」「『そんな映画を見ない同盟』を作る、そこまで行かなければならない。そして又一方では現在の、暗礁のような悪検閲制度に抗争しながら『自分達の映画』を作ることに努力しなければならないのだ」。

この小論の前半には、若干荒ずりの点があるが、後半の「自分達の映画」を作らなければならない、という個所について、山田氏は、多喜二には、ゴーリキーの『母』という映画や、エイゼンシュテインの『戦艦ポチョムキン』のような、当時のソビエト革命映画への渇望があったことを補足した（だが、たとえば、『戦艦ポチョムキン』は、当時は、横浜税関までできたが、送り返されている）。なお、前述の多喜二がいう「悪検閲精度に抗争しながら」のことについていえば、当時すでに一九二五年、映画検閲法「活動写真『フィルム』検閲規制」が公布されており、その検閲規制を内務省の警保局が担当していた。

そして、山田氏はこの講演の終わりに、多喜二がプロキノ運動へ参加していったことで結んだ。具体的には、村山知義による「プロキノ友の会」の極意書にもとづいて、小林多喜二も発

起人の一人に加わった（『新興映画』一九三〇年六月号誌上で、「プロキノ友の会」の発足が呼びかけられて）。発起人の中には、伊藤大輔、長谷川如是閑、岡田時彦、野田高悟、岸松雄、溝口健二、三木清、秋田雨雀、大宅壮一、土方与志らが入っており、思想家、学者、評論家、演出家、トップスターといったきわめて広範な顔ぶれであった。

多喜二は、「『自分たちの映画』を作ろう」と言ったが、多喜二が支援したプロキノ（日本プロレタリア映画同盟／一九二九年創立）は、まさに、「暗礁のような、悪検閲制度に抗争しながら」、『山宣葬』（一九二九）、『第十一回メーデー』『隅田川』（いずれも一九三〇年）、『港湾労働者』（一九三一年）などを「自主制作、自主上映」した。そして、大平洋戦争後の日本の独立プロや記録映画運動に大きな人脈も残した。また、多喜二が主張「自分達の映画づくり」の点では、戦後の東宝争議後、新星、近代映画協会などの独立プロダクションが生みだされ、独立プロの第一作は、山本薩夫監督の『暴力の街』（一九五〇年）から始まり、「自主製作と自主上映」として、たくさんの不朽の名作を世に送り出してきた。最近の作品でいえば、ＣＨＱの「憲法案」が、鈴木安蔵らが作りあげた憲法研究会の「憲法草案」を下敷きとしたという歴史的事実を明らかにする『日本の青空』（監督＝大澤豊）もまた、多喜二が提唱した「自分たちが作りたい映画」の一つである。

こう考えてみると、小林多喜二の映画論がいかに国民の立場からの、今日に生きる先駆的な意見であったか、十二分に理解することができよう。

一九三三（昭和八）年二月二十日から二十三日にかけて、多喜二は築地警察署で、天皇制権力によって虐殺され、当時の杉並、馬橋三丁目三七五番地（現在の杉並区阿佐ヶ谷南二ノ二二ノ二）で葬儀が営まれた。杉並の地はまさに多喜二の終焉の地である。この地で、最初の多喜二祭が開催されてから、今年は第十九回目。この多喜二祭にはこれまで、土井大助、澤田章子、碓田のぼる、鯵坂眞、津上忠、浜林正夫さんらが、それぞれ記念講演をしてきている。今回は山田和夫氏の記念講演。山田氏のような映画評論家が、以上述べてきたような、「多喜二の映画論」について語ることは初めてのこと。このことによって、杉並、中野、渋谷の「多喜二の映画祭」において、多喜二の不滅の功績—それは革命的文学ばかりでなく、また、映画においても、その広さと豊かさが明らかにされたものではないか。

（「保存会ニュース」二〇二二—二・十、No.424）

第五章　六〇年安保闘争の時代、決して忘れてはならない日本映画史、山田和夫さんの「日本映画への貢献の仕事」

六〇年安保闘争の時代、決して忘れてはならない日本映画史、山田和夫さんの「日本映画への貢献の仕事」（一九六〇（昭和三五）年）

山田和夫さんの「日本の映画への貢献の仕事」で、どうしても書き遺しておかなければならないことがあるので、ある。それは山田さんが生前何回か私に語ったことだ。山田さんは神戸の映画愛好者のために、山田さんの大島渚らグループのニセ左翼としての思想的本質を講師として、出向いたことを私に語った。

山田さんが私に語った話は「一九六〇年安保闘争の後、大島渚氏が雑誌『映画評論』に山本薩夫監督作品『松川事件』（一九六一）について、細密な検討・批判を必要としない」（傍点は大島氏が自らの文章につけたもの）否定的な作品だと、攻撃し、さらに雑誌『記録映画』の座談会で、同じく山本薩夫監督作品『武器なき斗い』（一九六〇）について、佐々木守氏（当時東京映愛連選考委員）が「山本薩夫抹殺」を唱えたということ。大島論文については、山田和夫さんは『松川事件』の作品の擁護と反論を行った。これは日本映画界、日本映画史にとってきわめて大事な出来ごとだった。

『武器なき斗い』―3.15 大弾圧事件を議会で追求する山本宣治（下元勉）

私が今日思うにきわめて重大なことは、前述した大島渚氏らの山本薩夫作品への道理のない不当な攻撃について、さらに大島氏らの作品について、大島氏が死去した時に見られたように、日本の映画ジャーナリスム、日本映画批評家界は「持ち上げ」は行うものの、あえて客観的で論理的に、真剣に論じ、批判しようとしてこなかったこと。

それを今日もしていない。大島氏らの六〇年安保闘争をめぐる言動と大島氏の作品について、真摯に正面から議論し正々堂々と批判してきたのは、残念ながら山田和夫さん唯一人であるということだ。

それはなぜか。

その回答は『映画評論』（六九年十月号、「代々木の映画は正統リアリズムにある／今井正・寺田信義・山田和夫対談」で今井正監督が次のように語っている。

「安保条約反対」のデモ（1960年）

「三島も大島も現在の体制で利用価値があるということ」。「映画でも日本人の本当の生活を描くというが古いといわれる傾向があり、古いということで否定してしまうのはまちがいでしょう」。
また寺田信義氏は「大島なんかは、まえから永久破壊論をいっている―トロキズムに近いんですよ」「一番単純に物事をすすめる論理のようにとられるんですね」。
そして私は六〇年安保直後の大島氏らの山本薩夫監督

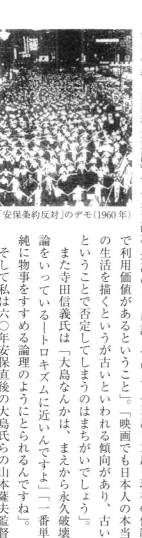

作品『松川事件』への攻撃に対し、擁護、反論した山田和夫さんの「日本映画界への貢献」を改めて明らかにし記録したいと決意。資料を求め二〇一三年三月五日、東京の京橋にある東京国立近代美術館フィルムセンターに出向いた。そこで私は学芸員の協力を得て、三つの資料文献を取得することが出来た。それは、『映画評論』(一九六一年三月号)の「『松川事件』その周辺をめぐって/(大島渚)」と、同誌四月号「大島渚とその周辺の問題/(山田和夫)」、そして『記録映画』(一九六一年三月号)「座談会、映画運動(一九六一)」である。

大島氏が映画『松川事件』に対して攻撃するポイントは何か

大島氏が映画『松川事件』批判に対してもっとも主張したかったことは、彼の論文の冒頭から二行目、「観た映画は、私には、細密な検討・批判を必要としない位はっきりと否定的作品と思われた」ということではなかろうか。このことを大前提として、「否定的な」評価の理由について大島氏があげるポイント内容を大島氏の文章から引用してみよう。

一つは「芸術は直接的には現実変革の武器とはならない。芸術はただ間接的に、人間の意識の変革を通してのみ現実変革の武器となる、このことを何よりも先ずははっきりと認識しなければならない」という主張である。だが、原則はあくまで原則で、物事の有り様は原則一色ではなく。非原則もあり、実際には直接政治的変革につながる映画は沢山ある。大島氏は物事は一色で認識するらしく、ますます彼の議論の事実と合わなくなり、二つ目以下のように議論にならない「議論」(迷路)に陥込んでいく。

二つ目は「松川事件の公正な判決をたたかいとるため、という直接的な効果のためならば」、映画製作のため集めた四五〇〇万円の「制作資金でビラをまくとか、講演会を開くとか、デモを組織するとか」「方法は他にいくらでもあるではないか」「一本の映画を作った位で果たしてあの厚い裁判所の壁が確実に打ち破られるのかどうか」「根本的に問われなければならない」(松川事件は現実的には広津和郎氏の『松川事件』一九四七年/筑摩書房発行のペンの力や新国劇『松川事件』の公演なども力になって一九六三年九月最高裁で無罪判決を勝ち取っている)。

三つ目は「松川事件の全く一方的な説明にすぎない映画は観客にどう作用するのか?」。「観客の意識の中ですでに存在したものが刺激されて量的に拡大」はするが、「それはヒロポン注射の如きもの」(大島氏のいうヒロポン的効果とは注射により一時的効果を生みだすが時間が経てば元に戻るだけだということ)。優れた映画を観て、映画を観た後に人生観を変えて先に進むという変化の体験を多くの観客は持っているのではないか。以上、その他の、大島氏の主張への反論については、後述する山田和夫さんの大島論文への反論=「大島渚とその周辺問題」の紹介の場所にゆずる。

松川事件と映画『松川事件』はどうなったか

いずれにしても、今日、松川事件の裁判と『松川事件』という映画はどういう結果となったのか。基本的に大島氏の思いと逆になった。

松川事件とは一九四九年八月十七日、東北本線松川駅の近くで列車が脱線転覆、乗務員三名が死亡。当時の国鉄と東芝の労働組合員二〇名が逮捕・起訴された事件。裁判所が一審（五〇年十二月）、二審（五三年十二月）ともに死刑を含む有罪判決を下したが、全国組織の「松川事件対策協議会」が結成され、特筆すべき大衆的な裁判闘争となって発展。海外からも支援を受けた六三年九月、最高裁で全員無罪を勝ち取った（真犯人を明らかにする課題が残されている）。

映画『松川事件』（1961 年）

映画『松川事件』の方はどうか。六〇年「松川劇映画制作委員会」が結成され、労組、民主団体、映画組織など七十八団体が加わり、四五〇〇万円の製作費カンパを集め、自主製作・自主上映の映画として全国各地で開催され、四〇〇〇万人を超える国民がこの映画を観た。画期的な大記録である。無罪判決にこの『松川事件』という映画が大きな力となったことは間違いない。

私はこの小論を調べて書き、書いては調べて文章にしている。そこで改めて調べて分かったことがある。それは大島氏は先述の文章「『松川事件』その周辺をめぐって」（『映画評論』一九六一年三月号）を、その後二回にわたって大島氏の著書でそのまま再録しているという事実である。その著書とは『戦後映画・破壊と創造』（一九六三年）と、『大島渚著作集　敗者は映像をもたず』（二〇〇七年）の二冊。このことは何を意味するか。それは大島氏の山本薩夫作品『松川事件』などへの全面否定的攻撃は決して一九六一年三月の過去の出来事ではない。その後も今日まで執拗に継続している、ということではないだろうか。

大島渚の映画山本薩夫監督作品『松川事件』の批判は、山田さんは六つのポイントに分けて反論している

〈大島氏の六つの否定的評価〉
一、芸術は直接的には現実変革の武器とはならない。芸術はただ間接的に、人間の意識の変革を通してのみ現実変革の武器となる。
二、だから直接的な政治的効果のためならば、映画を製作する資金でビラをまくとか、講演会を開くとか、他に方法はいくらでもある。
三、『松川事件』は「根強い政治効果主義の意識」からつくられ、その結果、人間の意識の変革ができない——従って現実変革の武器とはならない作品となった。

四、具体的には『松川事件』は松川事件の「全く一方的な説明にすぎない」し、「映画という形態があるだけで」「作家もなければ主題もなく、ただ事実の説明的風俗的羅列であるにすぎない」ような映画である。
五、従って事件の内容を知っている観客に対しては、「意識の中に既に存在したもの」を刺激し、量的に拡大するにすぎない。ヒロポン的効果。
六、事件をよく知らなかった観客は、日常的な意識と説明はわかるが、わかってしまうと同じヒロポン的効果を与えられるだけである。

この六つの大島氏の否定的評価に対する根拠について、山田さんはどう反論しているか。山田さんの論文から反論の内容を「　」部分として紹介し、加えて太字として私の意見も付け加えることにしたい。
山田さんは先述の「一」について
「原則的にはそうであろう。だからといって直接的な政治的効果を狙う映画があってはけないことにならない。そのときと場合によってはそういう映画が必要だし」、「映画は」「学校教育や技術指導を目的とした映画もあるし、科学研究の手段、情報伝達の媒体としての映画もある」「階級の隊列を鼓舞激励する扇動映画もある。映画は本質的にそのような多様な機能を持っていることにおいて画期的な表現手段である」。

全くその通りである。最近の二〇一三年を中心とした実例でも三・一一以降震災と原発の問題を描いた映画が記録映画で百本、劇映画、アニメが四十本近く製作されている。三・一一以後メディアでの健全性が疑われる一方、映画は意欲的に大健闘している。これらの映画は被災者の声を記録し、原発の危険性と放射能被害の危険性へと切り込んでいる。これらの映画は事態の変革に鋭く迫っている。いくつかの映画を紹介しよう。

「二」についての山田さんの反論。

「直接的な政治的効果を狙う講演会やビラにかわる映画があってもふしぎではない。革命期や国内戦時代のソビエト映画人」は「直接的なアピールや扇動を目的とした映画の製作に専念したことを思い起してほしい。そのような活動の中から『戦艦ポチョムキン』のような新しい映画芸術の傑作が生まれた」「映画による『松川事件』の真実のアピール」は、日本の映画人にとって必要なもののひとつである『直接的な政治的効果』を抜きにして『松川事件』の評価はできないはずである」。

まさしく山田さんらしい名反論である＝羽渕
「三」「五」「六」についての山田さんの反論。山田さんは大島氏がいうように、『松川事件』は「人間の意識の変革」ができない、現実変革の武器にならない作品なのか」と問いかけ―山田さんはこうのべる。

「たとえ松川事件の内容を知っている人でも、日常の生活ではその意識は眠り込んでいる。新聞で見たり、ラジオで聞いたりするとき、松川事件への能動的な行動にかり立てられることは非常に少ない」。だが、「『松川事件』の映画を観て眠り込んだ意識を改めて呼びさまし」「その『刺激』によって行動への衝動を突き動かすことが大切なのである」。「刺激とは行動がくりかえされたとき――眠りこんでいた積極的な意識は」、「共存する消極的な意識をおしのけるまで成長し、意識全体が『変わる』のである」。「松川事件をよく知らない観客に映画が『説明する』こと知らせることも重要である。」

「要はどういう意識を『刺激し』、『量的に拡大する』かが問題であり、映画『松川事件』は大島氏がいう『ヒロポン注射』のようなものではない。『ヒロポン注射』ははじめから生理的感覚のみの問題であり」

「(人間の本質的な)意識内容とは無関係だからである」。「いまの日本映画界において、『松川事件』(あるいは『武器なき斗い』)のように階級的な主張を真正面からかかげ、少なくともその主張によって観客の中にある意識を『量的に拡大』し、その主張を『説明する』映画はきわめてまれであり、ますますまれになりつつある」。

最後に「四」についての山田さんの反論はどうか。山田さんは、大島氏が主張する「『松川

映画『松川事件』の一シーン

事件』を全く一方的な説明」といいながら、他方でこの映画には「作家もなければ主題もない」と主張していることに対して、論理的に矛盾している、と即断している。

「その上で『松川事件』という映画には大島氏のいうように「一方的」で作家」も「主題」もないのか」。そうでもない。映画『松川事件』は「一方的」でなく、事件の記録に従って、その記録を映画的手法で映像に写しかえている。」そうして「「主題」の方は山田さんの次の見解できわめて明白である――

羽渕　山田さんは『映画評論』（一九六一年二月号）の「『松川事件』の成功を訴える」の中で、この作品の作家の「目的」と「主題」について「松川事件という〝日本の黒い霧〟に包まれた占領下の怪事件をとりあげ、その真相をあばいて無実に苦しむ人々を開放しようというきわめてアクチュアルな目的意識をもっている」「その主張に十年余にわたる長い裁判闘争の歴史がある。映画製作はその歴史の延長の上で、その闘いの一環として取り上げられている」と、これまた明確に解答している。

雑誌「記録映画」の座談会で佐々木守氏が山本薩夫監督を〝抹殺せよ〟と罵倒、

これに反論した山田和夫さん
『武器なき斗い』を制作した山本薩夫監督を「山本薩夫なんか抹殺せよ」と罵倒したのは佐々木守氏である（当時東京映愛連選択委員）。それは雑誌『記録映画』（一九六一年三月号）誌上の「座談会映画運動一九六一」の中の出来ごとである。これは先述した『映画評論』（一九六一年三月号）で大島渚氏が山本薩夫監督作品『松川事件』を「細密な検討、批判を必要としない作品」と攻撃。この攻撃は、時間と時を同じくしている。内容も歩調もあわせるかのように両氏とも人間社会のモラルの一線を越えた人格的否定をふくむ人間の〝全面否定〟の攻撃である。
雑誌『記録映画』についても歴史的状況を若干説明しておかなくてはならない。六〇年安保条約反対闘争の当時、労働者に対して「安保条約とは何か」という啓蒙教育活動のために、総評（当時の労働団体）が記録映画を企画。これを監督したのが松本俊夫氏、映画の題名は『安保条約』（一九五九）。出来上がったこの作品に対して批判が集中した。とくにラストシーン。海岸で釣り糸を垂れる人達。遊園地で遊ぶ家族連れ。そこには、はっきりと労働者国民を蔑視する考え方が表出されており、上映を進める諸団体から強い不満の声が出された。
安保闘争の中で日本映画界に、この松本氏と考え方を同じくするグループが存在。これが大島渚氏らのグループであり、教育映画作家協会の機関紙『記録映画』をこの潮流の人達が乗っ取り、佐々木守氏もそのメンバーの一人であった。

六〇年安保闘争の時代、大島渚氏らのグループが、山本薩夫監督作品『松川事件』と『武器なき斗い』に「全面否定」と「山本薩夫抹殺論」の攻撃をかけてきた。対して唯一論理的に理性的に反論、擁護した映画評論家山田和夫さんの功績を決して忘れてはならない。

今日、山本薩夫監督と山本作品は、全面的な否定、あるいは打倒あるいは抹殺されてしまったのか、

―再評価の見直しが始まっている―

山本薩夫監督と山本作品は、大島渚氏が主張したように「全面否定」されてしまったのか。また、佐々木守氏が罵倒したように「抹殺」されてしまったのか。それはきわめて、ノン！である。最近では再評価の見直しが始まっていると言ってよい。その後も山本監督と作品が生きて再登場しているいくつかの例を上げておきたい。

一つは第八回フィルメックス映画祭(二〇〇七年十一月)で山本作品『戦争と平和』(一九四七)『忍びの者』(一九六二)『にっぽん泥棒物語』(一九六五)『荷車の歌』(一九五九)『白い巨塔』(一九六六)などが上映(国立近代美術館フィルムセンターにて)され、忘れがたい魅力感動を思い出させるものとなった。市山尚三氏(プロデューサー)が『キネマ旬報』(二〇〇七年十一月下旬号)で「第八回東京フィルメックス特集上映」で「何故、今、山本薩夫なのか！」

という論文を発表している。山本薩夫監督は、「独立プロダクションで社会派映画を製作する一方、主に大映を中心とするメジャー各社で一般の娯楽映画を作り続けている」「その意味で、山本薩夫もう一度〝発見〟されるべき映画作家なのである」（もちろん、社会派としての山本薩夫を否定するものではない）「改めて山本薩夫の社会派は作品を見るとあくまで観客に向けて作られていることに気づくはずである」。

山田和夫さん

二つ目は佐野眞一著『快優伝―三國連太郎、死ぬまで演じ続けること』（二〇一一年十一月二十日／講談社）の中で、佐野氏は「『にっぽん泥棒物語』（一九六五）を観たのは、実にこれが初めてである。これほど面白い映画だったのか。それが最初の感想だった」。三つ目は、『週刊文春』（小林信彦「連載・本音を申せば」二〇一二年六月七日号）の中で「山本薩夫さんのような方がご存命だったら、東電×政府×役所×原子力ムラといった作品が作られたのではなかろうか」。経済も政治も文化も落ち込んでしまった今日の日本。日本国民と日本の政治との間で、矛盾が激しくなっている今日、かつて山田和夫さんは次のような山本薩夫論を語っている。「映画はわかりやすく」面白く、山本作品においては、「階級としての人間集団を広い社会的、歴史的な全景が追求されている」。（山田和夫著『日本映画と歴史と現代』「映画は大衆のもの」の信念を貫く／追悼・山本薩夫論から）。
最後に、二〇一三年より紀伊国書店から「独立プロ名画特選」ＤＶＤ作品として、一月に山本薩夫監督作品『真空地帯』（一九五二）が、六月には『松川事件』（一九六一）、『太陽のない街』（一九五四）などが発売された。

最後に

①山田さんの略歴と仕事
②大島渚氏の略歴と映画作品について
③そして山田さんの大島作品に対するほんの少しの評論について
この小論の最後に、映画評論家山田和夫さんを知っている人はごくごく限られていますし、大島渚監督を知っている人は多くはいないでしょう。したがって、私は①山田さんの簡単な略歴と、②大島監督の制作した映画、③そして山田さんの大島監督作品に対するほんの少しの評論を、「引用」＝紹介して私の論文の「まとめ」としたい。山田さんの大島作品への評論は、山田さんの著書を直接ぜひ読んでいただければ大変幸甚である。
［補足①］　山田和夫さんの略歴について、一九二八年（昭和三）大阪市に生まれる。旧制中学四年生から海軍予科練に志願。一九四五年八月倉敷海軍航空隊で水上特攻隊「震洋」の要員、

敗戦を迎える。一九四八年四月旧制東京大学経済学部経済学科入学。東大入学直後、堤清二（辻井喬）、不破哲三。上田耕一郎、富本壮吉らと出会い、富本のすすめで東大自由映画研究会に入会、責任者となる。エイゼンシュテインや今村大平の研究を進める。在学中の山田洋次とも知己となる。

一九五一年五月、映画の業界通信『合同通信』に入社。その後フリーとなって映画評論の執筆と出版、映画運動、国際交流の活動を続けた。

［国内での映画活動］一九五九年『戦艦ポチョムキン』の全国自主上映に参加。その後一九六六年「全国勤労者映画協議会」の議長。「映画興行団体全国連絡会議」の顧問。さらに「映画センター全国連絡会」の顧問。「親子映画東京連絡会」の顧問。他方、一九六一年「日本映画復興会議」が発足。その後同会議国際部長、事務局長、代表委員。「映画の自由と真実を司る全国ネットワーク」の代表委員。また松竹大船撮影所売却問題が起き、「松竹闘争支援会議」の監事。一九九〇年、エイゼンシュテイン、シネクラブ（日本）を設立し代表。さらに「中津川映画祭」のコーディネーター。二〇〇四年「映画人九条の会」呼びかけ人の一人となる。

［国際的な活動］モスクワ映画祭をはじめタシケント、アジア、アフリカ、ラテンアメリカ国際映画など多数の映画祭参加。モスクワ、ライプチヒ、クラクフ、マドラス、ヴァルナでは国際審査委員をつとめる。ベトナム映画人の主催するシンポジウムに参加。国際活動にたいし

て、ベトナム社会主義共和国より友好勲章、キューバ共和国より文化功労章、ハンガリー人民共和国より（当時）文化顕彰メダル、ドイツ民主共和国（当時）より平和委員会メダル受賞。二〇〇九年八月、脳梗塞で倒れ、三年にわたる闘病生活を経て、二〇一二年八月十一日、東京、板橋区若木病院にて肺炎による永眠。享年八四歳。（この山田さんの略歴の補足①は山田さん夫妻が書かれた『私たちの歩み』を参照した）
［補足②］　大島渚監督の略歴と作品。おおしま・なぎさ氏／一九三二年生まれ。京都府京都市出身。京都大学在学中は戸浦六宏、吉沢京夫らと演劇活動に入れ込む一方、非共産党員学生として京大同学会副委員長、京都府学連委員長を歴任した。五四年三月に卒業。松竹大船撮影所助監督試験にトップ合格。同年四月に入社する。大庭秀雄監督作品ほかで助監督を勤めながら、オリジナル脚本による監督作を目指し同人誌『七人』と助監督室編集の『シナリオ集』に十一本の脚本を発表。また、松本俊夫氏、伊藤忠男氏らと第一次『映画批評』に評論を執筆した。五九年、『愛と希望の街』で監督デビュー。六〇年『青春残酷物語』『太陽の墓場』『日本の夜と霧』を発表。『日本の夜と霧』は封切後四日で松竹は打ち切る。同年小山明子さんと結婚、翌六一年に松竹を退社。小山明子、石堂淑朗、田村孟、渡辺文雄氏らと『創造社』を設立する。大江健三郎原作『飼育』（六一）、東映で大川橋蔵主演『天草四郎時貞』（六二年）手掛ける。『悦楽』『ユホンギの日記』（六五）『白昼の通り魔』（六六）『忍者武芸帳』『日本春歌考』（六七）『絞

映画『天草四郎時貞』

死刑』『帰って来たヨッパライ』（六八）『新宿泥棒日記』（六九）『少年』『東京戦争戦後秘話』（七〇）『儀式』（七一）『夏の妹』（七二）を発表し、七三年創造社を解散。新設した大島渚プロダクションとフラスのアルゴス、フィルムの提携作品として『愛のコリーダ』（七六）『愛の亡霊』（七八）を監督する。日英合作で国際的キャストを揃えた『戦場のメリークリスマス』（八三）大ヒット。八六年にはシャーロッド・ランプリング主演で『マックス、モン・アムール』を発表する。また一九八七年からは『朝まで生テレビ』のレギュラーパネリストとなり、テレビのコメンテーターとしても活躍した。九六年、ロンドンヒースロー空港で脳梗塞のため緊急入院。治療とリハビリを続け、右半身に麻痺は残ったものの回復、そして九九年、一度は製作が中断していた、男色の介入による新撰組内部の動揺を描いた『御法度』を撮り上げる。その後病状が悪化し以降はリハビリに専念していた。二〇一三年一月十五日、神奈川県藤沢市の病院で肺炎のため死去。享年八〇歳（『キネマ旬報』二〇一三年三月下旬号より）。
［補足③］　山田さんの大島渚監督作品に対するほんの少しの論評紹介。山田さんは大島渚監督としての登場の時から評論をしている。大島渚監督の第一作品『愛と希望の街』について。「お

どろくほどストレートで単純平明、かつリアルな生活感に溢れていた」が、「反社会的行為としての『犯罪』に大島はすでに『反権力』『反体制』の幻影を見ていた」。

それは「階級間の対立と断絶を一面的にしかとらえず」「自暴自棄的な反対」「に転化する」。山田さんは「『日本の夜と霧』を作家的軌跡の出発点に」とタイトルをつけ「大島氏の『前衛不信』の根底には大衆蔑視が」あるとして、「大島氏は『性』と『暴力』に『反権力』を求め」「一九六〇年代後半からはアナーキーな『全共闘』的暴力をあからさまに共感を寄せ、ついには『愛のコリーダ』のようなハード・ポルノに自己主張の場を見出」したと分析。

また、「映画でもいわゆる『新左翼』派が創造と批評の両面に台頭。大島がそのリーダー格に祭り上げられ」「この流れは大衆や人間の不信、性や暴力への傾斜から反共主義の反動やポルノ礼賛の退廃にまで行きつく」(山田和夫著『現代映画史戦後四十年の軌跡』―一九八五年)。「そして、大島は『日本の夜と霧』で反共主義を宣伝して以来、一方では『犯罪』を『反権力』とし」、「『暴力』への耽溺を深めていき」、「大島は、『極右』暴力集団の学生たちや、それを支持する一部知識層やジャーナリズムの寵児となっていった」。(『病める映像』―一九八六年)。

大島監督作品の中でも最も有名な作品の一つ『愛のコリーダ』について。山田さんは「俳優にも本番の『性交』を要求し、それをカメラにおさめることに最大の努力が傾けられたようである」(『病める映像』/一九七六年)。

そして山田さんはパリ在住の国際女優岸恵子さんが、オリジナル版をパリで見た感想を次のように紹介する。

「日本人として、なにか、とても恥ずかしくなり、映画が終わるのを待たず、場内が暗いうちに外へ出てしまった。エロチシズムもリリシズムもないと思うわ。多分大島監督が、はじめから外国人に受けるように作ったポルノだと思う・・・・・単なるエキゾチズムを満足させるポルノだと思うわ」（『夕刊フジ』七六年十月二号）。そして山田さんは「それはまさに」「ごくあたり前にひたむきに生き、愛し合う健康な人間の世界とは無縁である」「定の愛人吉蔵が彼女の面前で老娼婦と性交するシーン」「老娼婦のみにくさを」「強調し」、「不幸な老娼婦の姿が」「冷酷かつ無情にもてあそばれていたこと」。「私は反ヒューマニズムの表現を決して許すことはできない」「反ヒューマニズムのうえに立つものを『愛』の名で呼ぶことは絶対に不可能である」（『私の映画大学』／一九八〇）。

大島渚監督の最後の作品が『御法度』である。私は山田さんの批評（『前衛』二〇〇〇年四月号）を末尾として紹介し、この［補足］を留めたい。「今回の『御法度』は幕末の新撰組が一人の美剣士の入隊をめぐって男色騒動を起こし」「『殺気』を『エロス』の映画とうたっていたように、これまでの大島的世界が創造した着地点にすぎない。マスコミの支持勢力を除き、広範な大衆を当惑させるのは当然」。「近来の『収穫』とたたえる論調の存在とともに、日本映画の『今ここにある危機』の深刻さを増幅させる以外の何物でもない」。

紹介した著書以外にも山田さんは『映像文化とその周辺』（一九七五年）、『日本映画の八〇年』（一九七六年）、『日本映画一〇一年　未来への「挑戦」』（一九九七年）など、多数の著書で「大島渚論」を展開している。重ねてのお願いとして、読者が大島監督作品を見て判断されること、そして山田さんの著作を読んでいただければ幸いである。

（「保存会ニュース」二〇二一―二・十、No.413、No.414、No.415）

映画『武器なき斗い』を語る

六〇年安保闘争のなかで関西で作られた

日本学術会議任命拒否　戦前で言えば、「治安維持法」と無謀な政治の内実について同類である。『武器なき斗い』について今日の時点から、改めて見てみたい――『治安維持法』に抗してたたかった山本宣治と彼を支持する労働者・農民のたたかい――
「一九五九年の秋・・・大阪交通労働組合の青年部のキャップが私をたずねて来た」「彼は、西口克巳の『山宣』（山本宣治）という小説を読んで感動した」「なんとか映画にしていただけませんでしょうか？」「映画『武器なき斗い』・・・そういうところから・・・実現していった」（山本薩夫『私の映画人生』新日本出版社、一九八四年）。山本薩夫は、このように『武器なき斗い』の映画づくりの始まりを書き出している。近畿地方の労働者や農民が応援。当時の大阪の総評などが中心になって、『山宣映画実行委員会』がつくられ、全国的にカンパ活動を呼びかけ、その資金

「安保条約」反対のデモ

でこの映画はつくられた。映画製作の根拠地は関西。お寺に泊まり込みながらの映画づくりであった。

他方、当時日本は全国的に「安保改定反対、批准阻止闘争」の真っ只中。日本の多くの映画人もこの闘争に加わり、木下恵介監督や女優の高峰秀子さんもデモに参加した。山本監督もまた、スタッフをつれて京都加茂川河川敷での京都総評の主催する統一行動に参加しながらの映画づくりをした。『武器なき斗い』は、こうした六〇年安保闘争という国民的闘争の高揚のなかでつくられた作品である。

(「保存会ニュース」二〇二一―六・十、No.417)

『武器なき斗い』が描くものは

『武器なき斗い』が描く時代は日本が戦争に向かっていった〝暗黒〟時代である。舞台は山本宣治が労働者、農民と共にたたかう小作争議と議会での闘争である。

山本監督は山本宣治の人物像をつくりあげるために、生前の山宣を知っている、当時、立命館大学教授だった末川博や日本共産党元衆議院議員の谷口善太郎らに会っている。さらにシナリオを谷口にも読んでもらい、入念な準備をして撮影に入っていた。

この映画のキャストは、今日では考えられないような豪華さ。山本宣治には下元勉、山宣の妻、千代子には渡辺美佐子、山宣の父は東野英治郎、母は細川ちか子、農民には岸輝子、その息子には小沢昭一。さらに同志社大学の教授陣には信欣三、清水将夫。地主に小沢栄太郎、巡査に三島雅夫、暴力団に多々良純などである。

山宣は生物学者から労働学校の講師へと進む（京都や大阪で活動し、京都労働学校では校長を務める。労働者教育協会編『労働者教育論』学習の友社、一九八二年、参照）。そして産児制限運動にも従事する。兵士を増やすことと増産のために、〝産めよ増やせよ〟の時代。大阪での産児制限講話の場面は、典型的な山本演出が出ていて、ユーモアもあって大変おもしろい。講義を聞きに数十人集まっている部屋の監視役として巡査（三島雅夫）がいる。彼は監視を忘れ、思わず講義に引き込まれ、ついには産児制限解説のパンフレットをもらって気まずそうに帰っていく（当時は巡査も生活に困っていた）。労働者の奥さんたちの笑いに追われるようにしてである。

さらに山宣は、労働学校の講師から労働者、農民のたたかいの場へ。「国体の変革」「私有財産制度の否認」という目的で、思想そのものを弾圧する『治安維持法』が公布されたのが一九二五年四月二十二日のこと。

帝国議会が『治安維持法』の最高刑を十年（懲役または禁固）から死刑に引き上げようとするのが、一九二九年三月五日。議会で唯一反対している労農党の山本宣治は三月四日夜、大阪の全国農民大会の弁士として出席する。この講演で『治安維持法』改悪反対のため、議会で徹底的に、たたかうことを決意表明する。そしてそこでは、彼が語った有名な言葉が次の文言だ。「実に今や階級的立場を守るものはただ一人だ。山宣ひとり孤塁を守る！だが私は淋しくはない。背後には多くの大衆が支持しているから・・・」。

大会後、山宣は議会での発言のために上京。そして神田の旅館で暴徒に刺殺される。『武器なき斗い』では、この山宣を支えて節目節目で重要な人物が登場する。それは共産党を公然と名乗る、〝山さん〟と呼ばれる人物だ。山宣は議会で『治安維持法』が改悪されようとする直前、京都の寺の境内で〝山さん〟と会う。「反対すれば重要な事態になるのでは」（山宣）。「『治安維持法』が通れば、戦争で一〇〇万人、一〇〇〇万人の人が殺される。代われるものなら」（〝山さん〟）。しばらくして山宣は「僕がんばるよ」と、『治安維持法』反対の意思を固める。この〝山さん〟とは谷口善太郎のこと。彼を宇野重吉が演じている。

『武器なき斗い』―3.15 大弾圧を議会で追求する山本宣治（下元勉　1960）

映画のラスト、ここだけがカラーである。日本の軍国主義が敗れて、一九四六年三月五日の山宣の命日。新しい時代を迎え、戦前、山宣とともにたたかった人たち、新たにたたかいに加わった人たちが、山宣の墓碑に集まってくる。〝山さん〟こと谷口善太郎（宇野重吉）が弔辞を述べる。林立するカラーの赤旗は、山宣の意志とそれを受け継ぐ人びとの決意のしるしとしてたいへん印象深く、さわやかだ。日本共産党は山宣の活動をたたえ、死後、日本共産党員としての資格をもって、労農葬をおこなった。

山本薩夫監督の映画づくりの基本は〝映画は大衆のもの〟

山本薩夫監督は一九一〇年、鹿児島市に生まれた。その後松山市に移り、夏目漱石『坊ちゃん』で有名な愛媛県立松山中学に入学。早稲田大学時代、科学的社会主義に傾倒する。プロキノ（プロレタリア映画同盟）が早稲田で撮影した短編の『スポーツ』（一九三一年）の制作に参加している。早稲田大学中退後、松竹蒲田撮影所に入社し、その後、ＰＣＬ（東宝の前身）へ。成瀬巳喜男監督の助監督となる。

一九三九年の「映画法」によって、映画と映画人は権力の統制下に入る。山本監督もまた、軍の指示による国策映画『熱風』（一九四三年）『翼の凱歌』（一九四二年）を余儀なくつくらされる。そして召集を受けて一兵士として中国大陸へ。戦後、その深い反省をもとに、戦後の初の作品が憲法九条をアピールするための『戦争と平和』（亀井文夫と共同。一九四七年）を制作する。それ以後、山本は生涯、反戦平和、反権力、おもしろさの映画づくりを貫いた。

『真空地帯』（一九五三年）、『戦争と人間』三部作（一九七〇～七三年）などは反戦平和の作品群であり、『暴力の街』（一九五〇年）、『武器なき斗い』（一九六〇年）、『松川事件』（一九六一年）、『にっぽん泥棒物語』（一九六五年）、『白い巨塔』（一九六六年）、『不毛地帯』（一九七六年）などは反権力の作品群である。

いま一つの山本作品の特徴は、おもしろさである。映画評論家の大御所、淀川長治は山本監督の『華麗なる一族』（一九七四年）を例にあげて、「山本薩夫監督の『華麗なる一族』は楽しかった。サイレント時代のセシル・B・デミルの現代劇の面白さそっくりであった」「あの映画の面白さはまさにそこ」（「映画批評論」『映画論講座』第一巻映画の理論、合同出版、一九七七年）と語っている。

そして山本作品のさらなる特徴は、労働者をはじめとする生活と権利をまもるたたかいの作品群である。プロレタリア文学の映画化『太陽のない街』（一九五四年）、『ドレイ工場』（一九六八年）、山本監督の最後の作品となった、明治末期の若い女性労働者としての覚醒を描いた『あゝ野麦峠』二部作（一九七九～一九八二年）がある。

さらにもう一つ、忘れてならないことは、山本監督の作品は独立プロの作品が多いが、他方、『金環蝕』（一九七五

山本薩夫—「映画は大衆のもの」「大衆の幸福を願うもの」

年／大映）、『皇帝のいない八月』（一九七八年／松竹）、『戦争と人間』三部作（一九七〇～七三年／日活）など、大企業が山本監督のその実力と国民的人気を無視できず、前述の企業から、仕事の依頼があったことだ。

結論として山本薩夫監督作品の抜群の比類なき特徴は何か？ それは、山本自身が語っている次の文言にあると言えよう。

「映画は大衆のものであることは、古から主張されてきた命題である。映画は、フィルムを媒体に多くの人々に笑いや涙、感動を一時に与えることができる総合芸術であり、大衆とともに生き、大衆とともに育ち高められていくものである」「映画はわかりやすいものでなければならない。これが私の作品づくりの基本にある」（『映画論講座第一巻　映画の理論』）。

そして、「映画は真実を伝える眼であり、政治や社会の不正を批判し、本当に大衆の幸福を願うものでありたいものだ」（『私の映画人生』）。

（『現在映画批評・映画評論―今日に問う～』二〇一一・一・十五）

第六章　映画時評

熱いたたかいの夏がやってきた

●『俺は、君のためにこそ死ににいく』の製作発表記者会見（石原慎太郎氏の立場と思想）
―二〇〇六年四月―

異様な雰囲気の中、特攻で死ににいくことが美しいか

二〇〇六年四月六日、帝国ホテルで開催された、『俺は、君のためにこそ死ににいく』（製作総指揮。脚本＝石原慎太郎／監督＝新庄卓）の制作発表会見は、きわめて異様に演出された雰囲気の中で行われた。

受付を済ませて会場に向かうと、左右にそれぞれ一〇名くらいの特攻隊員姿の青年たちがずらりと並び、来場者に対して大声で「敬礼」と繰り返し叫んでいる。

記者会見開始寸前、前述した特攻隊員姿の若者たちが列をなして「イチ、ニ、イチ、ニ」と掛け声をかけながら舞台の前面へ入場。そして「止まれ」の号令で会場の正面で静止する。かつて特攻隊員が家族に宛てて書いた遺書のナレーションが流れ、さらに桜の花びらが降ってくる。それが終わると再び「敬礼」の号令。そして「イチ、ニ、イチ、ニ」と歩調を合わせながら退場する。それに応えて万雷の拍手が起こる。私にとってきわめて重苦しい空気のなかでの記者会見となった。

やがて、舞台の幕が開き、製作総指揮で脚本を書いた石原慎太郎都知事、新庄卓監督らのス

タッフと知覧の「特攻の母」鳥濵トメを演ずる岸恵子さん、特攻隊員を演ずる徳重聡、窪塚洋介、筒井道隆らの若いキャストが登場する。

そのスタッフとキャストの全員があいさつと質疑応答に応えて次のように発言をした。その主だった内容を紹介する。

まずは、石原慎太郎氏（司会者は「鳥濵トメさんと長く深く親交があり、彼女の生きた菩薩と敬愛する人」と紹介）は「本当に美しい青春像を若い俳優さんたちに体現してもらいたい」「平和はすばらしいが、平和には毒がある」「六〇年続いた平和の中で」「私たちが受け継いでいかなくてはならない価値観というか、志というか、それが希薄になっている。平和のうちに失ってはいけないものを取り戻す記録としても、この作品が充実したものなることを念願している」と述べ、「今日は監督から過激な発言をするなといわれている」と付け加えた。

岸恵子さんは、司会者から「石原慎太郎氏の熱烈なラブコールにこたえて、特攻の母鳥濵トメさんを演じることになった」と紹介されて「私は戦争というものはいつの時代、世界のどこでも、むごいもの、悲しいものと思ってきました。そんな時代、鳥濵トメさんという菩薩のような女性が若者たちを愛し」「心からつくした人であることを知覧に行って知りました」「そういうすばらしい美しい若者たちを世界中の人たちに見せたい」とあいさつ。

新庄卓監督は「忙しい中で、いい本を書いていただいた石原さんに対して、僕の思いとして、何としても日本映画に残る名作をとっていきたい」。

さらに、会場からは鳥濱トメさんの親族や当時の知覧の特攻隊員関係者からも報告と発言があった。

特攻隊員を演ずる若い俳優からは「戦争をおこしてはならない」という決意の吐露も一、二あったものの、全体の発言は若者たちの「死」を美化することを全面に打ち出した内容で終始するものであった、と私には感じとれた。

『俺は、君のためにこそ死ににいく』
（ポスターの笑顔が異様に明るい）

将来に夢も希望もある若者たちが、尊い生命を絶たざるを得なかった無念さ、あの戦争は侵略戦争であり、若者たちはその犠牲者であること、その特攻を作りあげた戦争指導者の告発などが描かれてこそ、特攻の本質と真実に肉迫でき、特攻隊というものが浮き彫りになると私は思うのだが、それらが、皆目感じられない記者会見であった。

『俺は、君のためにこそ死ににいく』（新庄監督が描いているもの）特攻で死ににいくことは美しいか

石原慎太郎製作総指揮・脚本／監督＝新庄卓作品『俺は君のためにこそ死ににいく』は、『文芸春秋』二〇〇四年九月号が戦後六〇年を記念して、石原氏の「特攻と日本人―ある見事な青

春像」「愛する者たちのために散った若き青春像」の内容を映画化したものである。ご存知のような太平洋戦争末期、特攻隊基地のあった鹿児島県知覧の商店街。鳥濵トメさんの営む富屋食堂に、特攻隊員らが食事にやってくる。いわゆる「特攻の母」トメの視点から見た、当時の特攻基地の状況を無惨な死を遂げていく青年たちの姿をドラマにしている。

この映画は、その年の五月十二日から東映系で全国公開され、それを前後して、テレビや新聞、雑誌等で報道・解説された。その中で雑誌『Ｉｎｖｉｔａｔｉｏｎ』六月号に「石原慎太郎俺と映画と戦争」で石原氏とのインタビューを掲載。そのリード（前書き）の部分で同誌へ取材・構成＝金澤真には、石原作品について、「映画『俺は、君のためにこそ死ににいく』、（中略）このタイトルと特攻隊という題材から、死の美学や好戦的な映画を思い浮かべる者がいたら、それは全くの誤りである」とこの映画についての総評価を断定している。

はたして、この雑誌の評価をどう考えたらよいのか。私はこの評価について、この雑誌の筆者はどのように映画を見ているのか。その不見識、不認識に対して慙愧に堪えがたいものを強く感じざるをえない。

特攻隊とは何か。どういうものであったか。それは、先のアジア・太平洋戦争を全面的に否定し、前述した戦後の世界と日本の共通の認識のうえに立ち、特攻はアジア・太平洋戦争で、日本軍によって採用された、許されない日本軍独特の軍事戦術だったという認識に立ってこそ、特攻の全体像と本質が正確に認識できるのではないか。

この映画はその特攻の一部分ではあるが、二人の軍人のセリフによって語られている。日本軍指導部の考えている特攻の本質がリアルにわかり、特攻精神の中核を読みとることができる。その一人は一九四四年フィリピンにおいて、特攻隊の生みの親といわれる、大西瀧治郎海軍中将が「日本は破れるたたかいだというのはわかっている。破れた後に国体を守らなくてはならない。日本という国家、民族の維持のために」「この戦争は、白人の手から、アジア、その他の民族を開放しようとするもの。これは絶対に正しい」「国家の名のために、歴史に名誉を記録するために、若者に死んでもらわなくてはならない」。もう一名は、知覧の東飛行団長が次のように弁舌する。「米軍の本土上陸が、いかに困難なものか、知らしめるためにも」「国体を護持し、和平を有利にするためにも、突撃、死ぬことだ大事なんだ」。また、彼は飛行機『隼』が故障して、帰還した特攻隊員に対し「どうして帰ってきたのか。もはや生きて戻ることは不忠である」と罵声を浴びせる。高度な能力を持つ米軍機・米軍艦にボロボロの飛行機「隼」に乗り込んで、身体一つ丸ごと体当たりする血まみれの映像をスクリーンに見て、以上の二人の軍人のセリフをはっきりと聞けば、自ずと特攻隊とは何かが、容易に読み取れることは可能である。

だが、ものごとの全体像と本質とを知るうえでよくいわれる言葉、それは「森を見て木を見ない」とか「木を見て森を見ない」では、それはきわめて不十分。「森も木もその両方の関連」をも、しっかりと見て、ものごとの全体像と本質が認識できる。この作品は、そのように特攻の全体像と本質を描かないし見せない。

「なぜ、若者たちはあのような無惨にも死ななければならなかったのか。改めて疑問がわいてくる」「彼らが守れ、と言われた国体とはいったい何だったたか」「アジア人の白人からの解放のために戦争といって死んでいったが、それはどういうことだったのか」「アジア人の開放どころか『国体の護持』は戦後『主権在民』となり、侵略戦争であったことが明らかになる」（一般的にこの映画を見て感想として出てくる疑問）。

若者たちは、帝国主義の戦争、アジア諸国人民への侵略戦争にかり出され、「絶対主義的天皇制のもとで、世界でも比類のないほどの、天皇中心の教育勅語や軍人勅諭などによって洗脳され、天皇制国家権力によって殺されたのだ、という特攻の全体像とその本質をこの作品は映画全体として描いてはいない。このことこそ、この映画のまぎれもない正体である。

「靖国史観」の映画版・遊就館へ戻ろう、と

この映画の総指揮者・脚本家の石原氏は、第二次世界大戦後の国際連合や国連憲章、そして、日本の憲法と戦後いまだに日本の軍隊は、一人の外国人も殺していないし、また殺されてもい

ない、そういういわゆる「平和な時代」をどう考えているのか。

この映画では戦後も描かれるが、戦後の「平和な時代」に足を踏み出すこともなく、思考停止状況で戦後を生きる人物たちが登場する。そのことは私は、この映画での特攻の最後に出撃し撃沈され片足を失い、戦後も近くの島に生き残るけれども家族のもとに帰ってこない坂東勝次、同じく戦後を生き残るが立ち直れず、知覧の畠の中で酒を飲んで過ごす中西部隊長らに見る。これらの若者たちが、第二次世界大戦後の世界と日本の大きな政治と社会の変化の中で「戦争をしない国」日本で平和裡に暮らす場面は、この映画に登場しない。マインド・コントロールされた戦前のまま今日にいたっている。と受けとめられる若者たちである。そしてトメが何十年か後に、知覧の桜並木で死んでいった隊員たちの遺影と再会するというその場面。そこでは、無数のホタルとともに死んでいった特攻隊員たちが満身笑顔で飛ぶようにしてやってくる。そして、トメは次の言葉で迎える。「思えば、もう遠い昔のことですが、みんなすばらしか、美しか若者でございました」。彼らの表情には、強制されて殺されていった若者たちの悲しみと苦しみは何一つない。

この映画には特攻を描くうえで、出撃して死んでいく壮絶な場面とか、極限状況の中での死しか選びようのない特攻隊員としての青年たちの苦悩とか、若者たちの家族に遺書を郵送で送ろうとして憲兵に弾圧されるトメなど、否定されるべき戦争の特攻をめぐる諸現象がいくつか挿入されているが、石原氏が何より前面に訴えたかったものは、トメが殺されていった特攻隊員の遺影と出会う最後のシーンではなかったか。つきるところ、私がこの作品を「靖国史観」の映画版だと結論づける理由は、以上述べてきた内容による。

（「保存会ニュース」二〇二一―八・十、No.419）

●女優キョンジャは恋人に「お国のために死んでください」とは言えない

私が井筒和幸監督から映画『パッチギ！・LOVE＆PEACE』についての制作の抱負を聞いたのは、二〇〇五年四月三日、東京、神保町・岩波シネサロンで開かれた映画鑑賞団体全国連絡会議（全国映連）の二〇〇五年度全国映連賞の授賞贈呈式の場であった。井筒監督作品の『パッチギ』が映連賞を受賞した。同監督が受賞の言葉として、石原慎太郎映画『俺は、君のためにこそ死ににいく』を意識して、「それに対抗する内容の映画を作る」と発言したのである（石原映画がどういう映画か、それは『文芸春秋』二〇〇四年号に発表されていた）。

井筒監督第一作目の『パッチギ』という映画は、一九六八年の京都を舞台に、日本が朝鮮（人）に対して強制した歴史的過去をきっちり背景にして、アンソンとキョンジャの兄妹を中心に在日朝鮮人の生活と想いを描いた作品。この映画は二〇〇五年度全国映連をはじめ日本映画界の数々の賞を受賞した。

『パッチギ・LOVE&PEACE』

戦死ではなく、繋ぐ命の大切さを

続稿『パッチギ・LOVE&PEACE』は、舞台を六年後の一九七四年の東京に移し、兄妹のアンソン（井坂俊哉）とキョンジャ（中村ゆり）を中心に、兄のアンソンは息子の筋ジストロフィという難病を治療するめの医療代を稼ぐ生活をしている。他方、キョンジャは芸能界に入り女優として生きようとする設定である。

五月の連休明けの、二〇〇七年五月十二日『俺は、君のためにこそ死ににいく』が公開された。『パッチギ・LOVE&PEACE』は、一週間後の五月十九日に公開。井筒監督の全国映連賞贈呈式の発言や公開日程などからしても、〇七年度日本映画界の戦争と平和をめぐって「石原作品VS井筒作品」という火花を散らすような様相が伝わってくる。

『パッチギ・LOVE&PEACE』がどのような経過を経て、どこに焦点をあて製作された作品か。井筒監督が次のように語っている

「一作目で語っていなかった在日一世の話を盛り込むことにしたんです」。その在日一世の物

井筒和幸監督

語は「プロデューサーの李鳳宇さんのお父さんの実話なんですよ」。一九三九年、朝鮮半島の青年への「徴兵令」が来る。「赤紙が来る前に南洋の島に逃げたんだという話」（『シネマフロント』三五四号）。
「太平洋戦争下で、朝鮮の若者が小舟で朝鮮から赤道近くのヤップ島に逃げて生きのびたというこの話は、私にとって初めて聞くこと」。（井筒）
石原映画では、朝鮮人の若者が知覧から特攻隊員として出撃していくのに対して、井筒映画では、同じ朝鮮人が戦争に背を向けて生きのびて、戦後を迎えるという展開である。この危ない橋を渡りながら、息子の治療費を稼ぐアンソンの話と、在日という差別を受けながら芸能人として力強く生きるキョンジャのストーリーとがこの映画の物語の中で、テンポよくカットバックされて進む。

父親について語る 彼女の言葉が圧巻

一九四四年、日本軍の占領下にあった朝鮮半島。その最南端に位置する済州島（チェンジュ）。全島に徴兵が強制される。志願でなく、朝鮮人の若者は強制的に連行されていく。徴兵招集を受けたアンソンとキョンジャの父親であるリ・ジンソン（ソン・チャンウィ）と数人の若い朝鮮人は、日本軍の厳しい目をくぐりぬけて、みすぼらしい小舟に乗って南洋諸島のヤップ島に向けて逃亡する。ヤップ島もまた、日本軍の占領下にある。この島にも日本の神社や鳥居が建っている。住民はカタコトの日本語を話し、天皇中心の「臣民」の教育、皇民化教育を受けている。

その小さな島もアメリカをはじめとする連合国と日本軍との激しい戦場の一つとなる。そうした中をリ・ジンソンらは島民にも助けられ、やっとの思いで日本の敗戦までを生きのびる。

そして映画『パッチギ！ LOVE&PEACE』の展開は
――一九七四年の日本・東京

『太平洋のサムライ』という恋人が特攻で死んでいく映画のヒロインとして、キョンジャは出演することになる。（この『太平洋のサムライ』が石原映画『俺は、君のためにこそ死ににいく』に相当するもの）。キョンジャは、お国のために生命を投げ出し、捧げることが美しいことだ、というこの映画の描き方に強い違和感をもっている。彼女は恋人に「お国のため、死んでください」っというセリフが言えず、監督にそのセリフを変えるように申し出る。

そして『太平洋のサムライ』の完成披露試写会に、キャストのゲストとして舞台に登場した彼女は、どういう態度で何を語るか。会場はいっぱい。その中には、アンソンや母（オムニ）も、そして彼女を慕う元国鉄職員の佐藤（藤井隆）もいて、彼女が何を語るかを見守っている。彼女に順番がまわってきて、キョンジャが語ったことは―。

「私の父は、戦争（アジア・太平洋戦争）に行かないで、徴兵からのがれ、南の島に逃げていきました。私は、その父を一度も卑怯だと思ったことはありません。その父が生き延びて私が生まれ、そういうふうに生命がつながっています」。

まさに圧巻のシーンである。この映画は、誰が見ても『俺は、君のためにこそ死ににいく』を念頭において制作されていることがわかる。私は、今日の映画界で安倍内閣や石原慎太郎が所属する「日本会議」のタカ派の暴走を続ける動きに対して、また「靖国史観」の映画版といえる石原慎太郎映画『俺は、君のためにこそ死ににいく』に対して、これほどまでに勇敢に真正面から対決した内容の映画を、このところ見ていない。

石原映画『俺は、君のためにこそ死ににいく』について、「死の美学や好戦的な映画のイメージを思い浮かべる者がいたら、それは全く誤りである」と結論づけた雑誌の論評こそ誤りであることが『パッチギ！LOVE&PEACE』の内容によって、白日のもとに鮮明にされたのではなかろうか。映画の題名『パッチギ』というのは、激しく頭突く行為だが、「それを突き破る、乗り越える」という意味が語源だという。

二〇〇七年六月七日、エイゼンシュテイン・シェンクラブ（日本）六月例会に講師として参加した井筒監督『パッチギー・LOVE&PEACEの企画・制作・配給のシネカノン代表・李凰宇氏は、「井筒監督が出演しているテレビ番組に対して、『井筒は北朝鮮のスパイ、こんな人物をテレビに出すな』とファックスによる攻撃が行われています。「脅かされたからといって止めることはしません。一歩進んだものを作ります」と毅然と語った。（二〇〇七年六月十日）

●『ホタル』（降旗康男監督作品）侵略した国への真の謝罪とは？

『ホタル』は高倉健さんの「いま語り継がないと忘れ去られたしまうようなことも、映画なら残していけるんですよね」という言葉から、映画つくりが始まった。

「ともかく知覧の特攻隊平和会館に行こう。健さんが出るのなら、やっぱり主人公にして、生き残った人の話にしよう」（二〇〇一年五月二十日付『しんぶん赤旗』掲載の、降旗康男監督の言葉より）。その結果、高倉健が特攻隊の生き残りである山岡秀治を、田中裕子が妻の知子演じることとなった。二人は桜島が見える海で、カンパチの養殖業を営み、暮らしをたてているという設定だ。

『ホタル』は、二人の夫婦をタテ糸に作られていることを私たち決して忘れてはいけない。

今日の日本で激しい争点となっている。歴史の真実に光をあてている。降旗監督や高倉健さんらが。この作品で、最も情熱を傾けて訴えかけている歴史の真実とは何か。それは次の二つの点にあるように思う。

まずは、〝知覧の母〟富子（奈良岡朋子）の登場であろう。五年前、特攻基地・知覧には、若い特攻隊員から母のように慕われる富子がいた。現在は、孫娘の久子（小林綾子）が柱となって、かつての食堂と新たに加わった旅館の経営を行っている。いまや、富子は老齢。引退を表明する。富子の八六歳の誕生日のお祝いと、老人ホーム入所の送別会が開かれる。「お母さん、ありがとう」の看板が正面にかかげられている。富子に世話になった人たち、隣近所の人たち、町長も集まってくる。

ここで富子が語るセリフ、と奈良岡の演技が抜群であり、珠玉である。


「私は今日で八六歳です。身体も思うように動かなくなりました。どうか皆さん、特攻隊の方々のことも忘れないでください。皆さんでずっと語り継いでいってください」


―富子に記念品や花束が贈られる。

「こんな素敵な若さから・・・、楽しみも、夢も奪って・・・『がんばれ、がんばれ』といって送り出したんだよ」「実の母なら、死ねとはいわない。どんなことをしてでも、自分が死んでも子どもまもるでしょ」

──そして涙が込み上げてきて、

「あの若い人たちを殺したのです」

──と絶句する。

実は最後のセリフ「若い人たちを殺したんのです」──これは、先のシナリオには入っていない。富子になりきって演ずる奈良岡の撮影現場での迫真の演技のなかから、おのずとほとばしりたセリフである。

奈良岡自身、女学生時代が太平洋戦争と重なり、勤労動員で兵隊の服の縫製に従事。東京大空襲も体験した奈良岡である。富子役を演じて「富子のセリフはすべて切ない。どれも、戦争がどんなに悲劇をもたらしたかを集約します。『ホタル』のセリフにしても自分で納得し、説得力を持ったものとして語れたという自負があります」(二〇〇一年六月三日付『しんぶん赤旗』日曜版)と語っている。

私は富子のセリフ＝「あの若い人たちを殺したのです」を大いに注目したい。奈良岡の演技とセリフには、しばしばいわれる「悲しい。だが、あなた方の尊い犠牲の上に、今日がありますす」という、戦死者の美化がいささかもない。むしろ、その立場を拒絶し、太平洋戦争を仕掛けた者たちへの厳しい告発と、責任追及の姿勢が鮮明である。

その姿勢は、小泉首相がしばしば発する「国のために命を捨てた戦没者に敬意をささげるのは当然」とする姿勢とは、一八〇度異なる。首相は、その姿勢をよりどころに、靖国神社へ公式参拝し、憲法九条の改悪をもくろみ、集団的自衛権の行使について検討すると、当時いっているのだ、どちらの側に歴史の真実があるのかは、いうまでもない。

この作品が語りかける、もう一つの歴史的真実は何か。それは五十五年前、知子の婚約者であった金山少尉（本名キム・ソンジャ＝小澤征悦）を登場させ、朝鮮人学徒兵の特攻死、そして山岡（高倉）と知子（奈良岡）が韓国を訪問する物語のなかに表されている。

『ホタル』は、かつて日本が行った戦争が、他民族の青年の生命をも強権的に奪ったこと―この加害者の責任を明らかにする。それだけでなく、山岡と知子の謝罪により、靖国と真の友好づくりという熱いメッセージをも指し示している。

この点について降旗監督は、「特攻で亡くなった人、あるいは戦争で死んいった人の無念さを描くには、どうしてもその当時、植民地支配されていた朝鮮人の無念さの中に、戦争で死んでいく無念さが、一番普遍的に表されているんじゃないか、と感じたんですね」（二〇〇一年五月二十日付『しんぶん赤旗』）と語っている。降旗監督のこの思いが、映像のなかでどのように描かれているかをてみよう。

降旗康男監督

韓国・河国村の入口にあたる村の通り。祭の楽隊に合わせ、面をつけた踊り手たちが舞う。山岡と知子がやってくる。

村の中の塀に囲まれた家の前。門前には金山少尉の親族ら十数人が集まっている。山岡が知子と自分を自己紹介すると、二人の男性が、「キム・ソンジャは、日本帝国のために、それも神風で死ぬなんてあり得ない」、「なぜソンジャが死んで、日本人のあなたが死ななかったのか。話すことはない」

山岡は、金山少尉が出撃直前に残した遺言を伝える。

「大日本帝国のために死ぬのではない。私は朝鮮民族の誇りをもって、朝鮮にいる家族のため、トモさん（婚約者の知子のこと）のために出撃します。朝鮮民族万歳。トモさん万歳」

つづいて、富屋食堂でアリランを歌う金山少尉の姿と声を映す回想シーン。再び韓国の門前に映像を戻しながら、アリランを歌う山岡の声が金山の声にかぶさっていく。

知子が、「私はキム・ソンジャの許嫁でした。いまはこの山岡の妻です」と語りかける。

山岡と知子は旧家の客間に通される。テーブルの上には、学生服姿の金山と知子の写真が並んでい」る。キム・ソンジャの叔母にあたるという老女が「私の姉は、あなたのことを『知子さん』と呼んでいました。日本のことを皆が悪く言った時代に、『うちの嫁は日本人だ』と隠しませんでした」。老女は知子から金山の遺品の財布を受けとり、「私たちの大切な宝です。ソンジャの墓はまだありません。父母の墓に参ってください。きっと喜びます」と、やさしく話しかける。山岡と知子は、河国村を見下ろす墓地へ墓参する。

この特攻韓国物語の内容は、史実を粉飾し、日本の侵略戦争を正当化する「新しい歴史教科書をつくる会」の中学歴史教科書や、インドネシアの独立は日本の「大東亜戦争」のおかげと描く映画『ムルデカ』とは、まさしく対極にある。『ムルデカ』や「・・・つくる会」中学歴史教科書の志向する道は、アジア諸国をはじめ、日本が世界から孤立する道であり、アジアで起きている平和の流れと深刻な矛盾を広げざるをえない。それに比べ、『ホタル』が描く韓国への謝罪と友好の旅は、幅広い国際的連帯と交流、世界との平和と進歩へ大きくはばたき、広がっていく道である。

歴史教科書の問題が、日本国内外で大きく問題になっているとき、特攻でなくなった朝鮮人学徒兵の遺言と遺品を韓国に届けるというストーリーを大きく取り入れての作品づくり。「いろいろな雑音がきこえてきたのでは?」という問いに対して、降旗監督は、「あまり気にならないことでした。僕はそうでしたけれど、健さんにしても、他のスタッフや出演者にしても最初は各人、いろんな思いはあったと思います。正直な話ね。でもやっているうちに、ここで遠慮しちゃったらしょうがないんじゃないの。もう、やるところまでやろうと、ああいう映画が出来上がった」（『シネマフロント』No.294）と答えている。
こうした大きな勇気に、「ありがとう」と言いたい。
（「保存会ニュース」二〇二一—九・十、No.420）

決して忘れてはならない日本映画史

日本の映画が自由を奪われた時がもう一度ある。それは、戦後の米軍占領軍の時代。忘れてはならない。──九四六年──

一九四五年八月十五日、アジア・太平洋戦争は終結した。そして、一九四五年から五二年のサンフランシスコ（平和）条約発効まで、日本はアメリカの戦後体制下に入った。戦前の映画人を苦しめた『映画法』が撤廃され、日本国憲法が一九四六年十一月に成立した。
この時代、映画の労働運動の前進と発展、日本の映画界から軍国主義的要素を取り除くなど、戦前とは異なった状況も生み出されたが、それは、アメリカの占領政策が許容する範囲にとどまった。

映画『戦争と平和』

さらにGHQの指導で、憲法九条をテーマにした映画『戦争と平和』（亀井文夫・山本薩夫共同監督）は労働者と市民が連帯・団結して反戦平和を求める肝心の場面は、アメリカ占領軍の検閲でカットされて上映された。

そのカットされた場面の一つとは─シナリオに書かれており、現実に撮影されていた次のシーンである。

「街。食糧デモ。その人々の足、足、足。路傍に立って見て居る健一（伊藤肇）」「いつの間にか、その列にまきこまれ、デモの一人と腕を組んで行く健一」「デモの人々の顔。顔。顔。労働歌。労働者の大デモ。整然たるその行動。高らかに空にひびく労働歌の合唱」（『日本映画一〇一年─未来への挑戦／山田和夫』）

このシーンは、まさに、本当に戦争をやめさせる力とは、労働者をはじめ国民の「戦争ノー」という団結の力であることを観客に示す場面であった。

今考えると、GHQは日本の何を恐れていたか。

それは『戦争と平和』のシナリオのカットされた部分、これをGHQは最も忌み嫌っていたのだ。憲法の精神と内容を一人ひとりの国民の自覚、労働者・市民の団結と行動。『戦争と平和』のこのカットされた映像をいつまでも日本人の脳裏にきちんと刻んでおかなければならない。

（「保存会ニュース」二〇二〇─十一・十、No.411）

第七章　映画時評

時代をパワフルに描き出す韓国映画
―二〇〇四（平成一六）年―

韓国映画と映画人は民主化の先頭に立つ

二〇〇四年の夏、私は「韓国・映画と歴史の旅」（七月二十八日～八月三日、企画＝エイゼンシュテイン・シネマクラブ〈日本〉・代表山田和夫）に加わった。文字通り、「韓国・映画と歴史」をより深く認識する、収穫の多い旅であった。レポートでは、「歴史の旅」の方は、他の機会に譲るとして、「韓国・映画の旅」を報告することにしたい。

まずは、一九四五年八月十五日、太平洋戦争終結（韓国ではこの日を植民地支配からの解放を記念する「光復節」と呼ぶ）以後の、韓国の歴史を見ると、長くて暗い軍事独裁の国家から、民主国家へと、韓国国民の自らの力で一歩一歩、着実に、時には飛躍させて、前進させてきていることが解かる。

一九四五年八月、朝鮮半島は三十八度線を境に、ソ連とアメリカによって、北と南に分断占領された。一九四八年八月、アメリカは李承晩（イ・スンマン）傀儡政権による大韓民国を成立させる。つづいて、朴正煕（パク・チョンヒ）が軍事クーデター（一九六一年）を経て一九六三年十二月、大統領に。一九六五年、韓国軍をベトナムへ派兵。一九七三年八月、KCIA（韓国中央情報部）による日本での金大中（キム・デジュン）拉致事件。一九八〇年九月、全斗煥（チョン・ドハン）が、これまた、軍事クーデターを経て大統領に。一九八〇年五月に光州事件で学生、市民を武装弾圧（当時、韓国は戒厳令下で、国民は光州事件を知らされず、今日になってやっと事件の本質を知ってきている。そして、光州事件を〈光州民主化運動事件〉と呼んでいる）。さらに盧泰愚（ノ・テウ）が大統領に。一九八七年、労働者が大都市へ集中、労働運動が高揚する。一九九二年十二月、金泳三（キム・ヨンサン）が初の文民大統領へ。一九九七年十二月、金大中が大統領に当選。このころから、日本映画が韓国で公開され始める。二〇〇〇年六月、平壌で歴史的な南北首脳会議。二〇〇二年九月、日朝ピョンヤン宣言。同年十二月、盧武鉉（ノ・ムヒョン）大統領に当選。

そして、二〇〇四年四月の韓国総選挙で、綱領に、「人間の平等と解放」「社会主義的思想の継承・発展」をかかげる民主労働党が初進出した。まさに、弾圧と抑圧に抗しての、着実であるとともに、躍動感に満ちた社会変革の、韓国国民の闘いの歴史が、ここに見られる。

とりわけ、韓国映画が国内はもとより、世界に向けて、その活力を顕著に表してきたのは、一九九九年の『シュリ』（カン・ジェギュ監督）からと言ってよい。

『シュリ』はソウルでのスポーツ大会で出会う南北首脳の暗殺計画がストーリー。そして、北から南に潜入してきた女性工作員と、北のスパイを捜査する男性保安員との恋がテーマ。そこには北への敵視の視点はなく、逆に南北に分断されている民族の悲しみと、祖国統一へ希望を寄せて、南北分断の下での、軍事対決の不毛さを告発する。五八〇万人の観客を動員し、空前の大ヒットとなった。

『ＪＳＡ』（二〇〇〇年、パク・チャヌク監督）は三十八度線をはさむ、ＪＳＡ（Joint Security Area）三十八度線からの双方へ二キロの共同警備地域での、南北兵士の心暖まる交流を描く。とりわけ、北の兵士の人間的魅力を浮き立たせている。映画『ＪＳＡ』は平壌での南北首脳会談の半年前から作られていた事実が、この映画の先進性を物語る。

『シルミド』（二〇〇三年、カンウソク監督）はどうか。一九六八年、朴大統領の時代。山を越え、大統領の官邸である青瓦台へ、三一名の北の特殊部隊を組織する。部隊が侵入する。銃撃戦となり、一名逮捕、残りは射殺。これに対して、南はシルミド特殊部隊を組織する。部隊は刑務所の囚人などで構成。つづく苛烈な訓練。一人一人が〝人間兵器〟となる北へ向けて船出の時に、南北の事情が変わり、部隊に対し解体の命令。ベトナムへの派兵意見も出るが、全員を虐殺という指示が出る。シルミド特殊部隊の全員が、自分たちの存在を知らせるため、バスでソウルへ進行。ソウル到着直前で、軍隊と警察による総攻撃を受ける。全員が自分の名を自らの血液でバスの壁に記して自爆する。

『ブラザーフッド』（二〇〇三年、カン・ジェギュ監督）は朝鮮戦争に巻き込まれ兄弟愛の葛藤をとおして、民衆にとっての戦争の本質と、平和的な南北統一へのメッセージを強く訴える。

『ＪＳＡ』が観客数八〇〇万人、『シルミド』『ブラザーフッド』が一〇〇〇万人を超え、ハリウッド映画を圧倒した（韓国の人口は四七〇〇万人）。ソウルで交流した韓国映画製作協会の副会長・安東圭（アン・ドンキュ）氏は、「いまや、韓国人は、『ＪＳＡ』や、『シルミド』や『ブラザーフッド』を見て、長年歴史のベールで隠されてきた、それぞれの事件とその本質を社会的に学ぶというブームが起きている」と語った（勿論、韓国では『シルミド』や『ブラザーフッド』のような映画ばかりでなく、活力の無い映画もあることをアン氏は語る）。

また、「三〇〇万人の観客を動員する映画は、俳優が良いとか、監督が有名とか、映画の要素による成功が多いが、前期の『ＪＳＡ』など一〇〇〇万人を超える作品は、映画の要素を超え、観客の関心に応える、時代性の質をもつ」と付け加えた。まさに、韓国映画人が自ら、民族の隠された「記憶」を今日において映画化し、国民が壮大なうねりとなっているように、私には思われた。そのうねりに、韓国の映画と映画人が先頭に立っている、私はそういう、実感を持った。

キム政策開発部長が語る映画振興とは

七月二十九日の午前中、「韓国・映画の旅」参加二二名のうち六人が、韓国映画振興委員会（Korean Film Council ＝ＦＩＣ）を訪問した。同委員会はソウルの街の、樹木生い茂る高台にあり、三階の建物である。玄関に入ると、エレベーターの前掲示板に、闘う韓国映画人たちの姿を映す一枚のポスターがあり、私たちはそれに、大いに注目した。そのポスターには、「韓国映画の上映義務」＝「スクリーン・クォータ制」（上映時間割当制）を守るために、集会を開く韓国映画人の写真が刷り込まれていた（「スクリーン・クォータ制」については詳しく後述）。その写真には『八月のクリスマス』（一九九九年）や『二重スパイ』（二〇〇三年）で主役を演じたハン・ツッキュの顔も見えた。

ポスターの上段に書かれている文字は何ですか、と韓国人通訳に尋ねると、「文化は貿易の対象ではなく、交流の対象である」と、答えた。半官半民であっても、韓国政府の文化観光部（省）の傘下団体の同振興委員会の壁に、そのような文字入りのポスターが貼ってあるとは！日本では全く考えられないこと。日本でいえば、東京国立近代美術館フィルムセンターの壁に、同種のポスターが貼ってあることになる。何人にも、韓国政府の韓国映画を守ろうとする意気高い、パワフルな息吹が感じられた。

闘う映画人たち
（二〇〇四年集会）
文化は貿易の対象でなく交流の対象である（ポスター）

応接室で私たちを出迎えてくれたのは女性で、三十歳代後半から四十歳代と想える。知的で聡明であることが一目で分かる。同委員会の政策開発部長キム氏（Kim Mee Hyum）と、同じく若い女性の副部長の二名であった。早速、代表の山田和夫氏が、「ここのところ、二〜三年、昨年から今年にかけて、韓国映画が元気な理由をお聞かせ願えれば」と質問。これに対して、キム氏は次のように、理解しやすく適切な内容で、回答した。

「韓国社会は二〇〇〇年以来、映画投資法を作り、税制面での優遇などをしました。このことで、資本が映画に投資しやすくなり、その資金で映画製作者は大きな映画を作れるようになりました」。「映画産業を未来に向けて、という政府の認識が高まり、人口の少ない韓国の国内だけの、枠を乗り超えて、韓国映画の海外輸出に取り組みました。二〇〇〇年度で、全輸出の七〇％がアジア、その七〇％のうち四〇％が日本輸出です。『シュリ』が大量輸出のきっかけとなりました」。「映画振興委員会は、一九七三年、韓国映画産業の支援と育成のために、映画振興公社として誕生。一九九九年五月、その公社が民間自律機構の韓国映画振興委員会に出帆して今日に」。「産業振興では、いろんな映画を支援するため、学生製作の映画には、現像費の五〇％を支援。商業映画でなく、ドキュメンタリー映画などへ、特別支援。検閲制度がなくなり、映画産業と映画人の製作意欲が高まり、良い作品が作られるようになりました。一九九八年、映画政策を規制から振興へ方向を転換。映画製作業者として、登録しなくとも映画製作ができるように、映画検閲性を審議性としました」。

今日、映画振興委員会は、ソウル総合撮影所、人材育成の韓国アカデミー、韓国映像資料院などを統括している。

なお、「スクリーン・クォータ制」については、韓国ではすべての映画館は、一年の三百六十五日のうちに、百四十六日以上韓国映画を上映する義務を負っている。二〇〇二年度の市場のシェアーは韓国映画四五・〇%、アメリカ映画が四八・〇%。二〇〇三年度では、韓国映画が四九・四%、アメリカ映画四三・五%。韓国映画が逆転して、約五〇%になった。このことを証明するかのように、釜山（プサン）では、映画街に八枚のポスターが貼られているとすると、四枚が韓国映画、四枚がアメリカ映画。七枚だと、四枚が韓国映画、三枚がアメリカ映画というように貼られていた。そして、なんと二〇〇四年上半期のシェアーは、韓国映画が六〇%、アメリカ映画が三六・一%となっている（日本では、今日、日本映画が三〇%、外国映画が七〇%）。

また、歴史的に見ると、一九九三年、韓国では映画輸入が大幅に自由化され、アメリカのハリウッド映画が国内市場を席捲。一九九八年には、アメリカが「市場開放」「クォータ制」事実上廃止を要求。一九九九年には、クォータ制を縮小するという政府の方針に対して、韓国映画監督や映画俳優が街頭に出て、自分の写真に黒枠をつけ、それを首につけ、「韓国映画を殺すな！」と運動を展開してことは有名である。その後の韓国映画人の運動は「文化連帯」運動として、今日も続けられている。振興委員会の廊下の壁に貼られていたポスターは今年の集会のものである。

キム氏は「今もアメリカの『クォータ制』への圧力は一層強まっており、私たちは、今日、韓国映画人の『文化連帯』の運動を後押ししています」ときっぱりと語った。私が前後の見出しで、「韓国映画人は、韓国民主化の先頭に立つ」と書いたが、この「クォータ制」を守る映画人の闘いは、まさにズバリ、そのものと言えよう。

つづいて、東京の親子映画の代表から「日本には。教師と父母が力を合わせて、子どもたち向けの数多くの名作映画を作り出し、ピーク時には年間三〇数万人の親と子どもが映画を見、日本の有力な監督を世に送り出し」、「製作・配給の企業を支えた。親子映画の運動がある」ことを、短い前置きとして自己紹介。「韓国ではそうした映画作りと運動はありますか」と質問。キム氏は、映画プロダクションが「子どもを対象とした作品を作ることはありますが、特別に子どもたち向けの映画作りはありません」と答える。

最後に私から、「『JSA』や『シルミド』『ブラザーフッド』などの作品が、韓国の隠されてきた歴史の〝記憶〟を明らかにして、時代性を持って描かれ、かつ、北朝鮮に対する視点が暖かいのはなぜですか」と質問。キム氏からは、「独裁から民主化へ、南北統一の雰囲気が二十代、三十代の人たちの間で高まって来たことになります」と明快な回答が返ってきた。

文化振興会館

ほぼ一時間ほどの訪問と対話。心地よい、収穫の多い交流の場となった。

ソウル総合撮影所に韓国映画の隆盛の秘密を見る

七月二十九日午後に、ソウルの都心からバスで漢江を遡ること六十分。天然林に囲まれた、深閑とした舗道にそっていくと、韓国映画製作のメッカといわれている、ソウル総合撮影所が飛び込んできた。二つの山の谷の中腹辺りから、下方の谷間の広場を利用して、映画館、六つのスタジオ、オープンセット、映像支援館などがある。

キム政策開発部長と語る山田和夫氏

全体で四十万坪（東京ドーム野球場の二十八個分という巨大さ。なお、日本での最大規模の撮影所は、東映京都撮影所。二万二千三百坪。そのうち、九百坪は『映画村』）。

バスが撮影所の中へ入っていくと、『韓国・映画と歴史の旅』のメンバーから、「これはすごい」という声が連発。まさに驚くべき撮影所である。

広さだけでなく、シナリオ一本さえあれば、一本の映画を撮影できる場所である。野外セットから撮影スタジオに至るまで、多様な規模の撮影場と、カメラ、照明器、特殊撮影装備、衣装、小道具など、映画づくりに必要なすべての施設を備えている。同撮影所では仕事をする映画人の宿泊施設もある。安い使用料で韓国映画の八〇%が、この撮影所で作られているという。オープンセットでは、『JSA』で実際に使われた板門店が、実物サイズのまま残されており、韓国の時代劇に使用された建物や時代劇の民俗村セットが現存する。小道具倉庫には、あらゆる小道具がぎっしり。

この撮影所の力で、韓国は国力を傾けて、アメリカのハリウッド映画に対抗し、それを乗り越えようとし、また、乗り越えてきている。日本の政府も、映画人も、一度この撮影所を見る必要がある！　韓国映画の底力を見る必要がある！　このことが、偽らざるソウル総合撮影所を見ての、私の実感となった（日本では、今日、東宝の砧撮影所など、五十億円かけての撮影所リニューアルを決めているが、松竹は大船撮影所をなくし、新撮影所を二〇〇二年までに作るという約束を果たしていない）。

映画撮影所の中にあるセット

日本の場合、一年間に一人の人が映画を観る回数は一・二回。韓国人は、日本の四倍映画を観ている。今回の『映画・韓国の旅』は、間違いなく、日本政府の文化政策の貧しさを私の胸に強く刻みつける旅となった。同時に、日本映画再生に向けて、一段とその課題が明らかとなる旅ともなった。そして、日本映画再生にむけて、活動する私に意欲を高揚させる旅ともなった。
（「保存会ニュース」二〇二一・十・十、No.421）

映画のビックな話題

日本列島、映画の公開率の極端な格差
（東京九四％　大阪六九％　京都四三％　仙台三八％　富山八％　下関五％）
― 一八年前（二〇〇三（平成一五）年） ―

コロナウィルスで、日本でも世界でも格差と貧困が日々浮き彫りになる中で、今回は日本列島の主要都市できわめて大きな公開率の存在を明らかにしたいと思う。

今日、この文章を書くにあたって、昨今の年度の資料を探してみたが、今のところ存在しない。それで申し訳ないが、今から十八年前でのことで勘弁したいただきたい。

左記のは『エース・ジャパン』の現した表である。『エース・ジャパン』が全都道府県の最も人口の多い都市サンプルとして調査しているものです。驚くべき格差の実態が浮かび上がってきます。十八年前にこのような大きな格差ですから、今日、良くはなっていない。むしろ悪くなっていると考えられます。

左記の表を辛抱してみていただきたい。日本映画の公開率は表の通りである。日本映画の公開率はざっと見て、東京九四％、大阪六九％、京都四三％、仙台三八％、富山八％、那覇

二一%、下関五%である。みなさんの故郷の公開率はいかがですか。

今日の日本人は、日本列島の居場所によって、映画文化の恩恵を受ける点で、文化的格差を

都市制／2020年封切作品公開率

全国封切作品数	322		375		697	
	邦画		洋画		計	
	作品数	公開率	作品数	公開率	作品数	公開率
北海道　札幌市	112	35%	233	62%	345	49%
青森県　青森市	59	18%	100	27%	159	23%
岩手県　盛岡市	63	20%	123	33%	186	27%
宮城県　仙台市	83	26%	181	48%	264	38%
秋田県　秋田市	58	18%	86	23%	144	21%
山形県　山形市	71	22%	135	36%	206	30%
福島県　いわき市	42	13%	43	11%	85	12%
茨城県　水戸市	43	13%	76	20%	119	17%
栃木県　宇都宮市	45	14%	75	20%	120	17%
群馬県　前橋市	41	13%	57	15%	98	14%
埼玉県　さいたま市	48	15%	73	19%	121	17%
千葉県　千葉市	47	15%	98	26%	145	21%
東京都　東京区部	287	89%	369	98%	656	94%
神奈川県　横浜市	70	22%	147	39%	217	31%
新潟県　新潟市	67	21%	124	33%	191	27%
富山県　富山市	20	6%	39	10%	59	8%
石川県　金沢市	72	22%	160	43%	232	33%
福井県　福井市	66	20%	112	30%	178	26%
山梨県　甲府市	43	13%	80	21%	123	18%
長野県　長野市	44	14%	78	21%	122	18%
岐阜県　岐阜市	41	13%	78	21%	119	17%
静岡県　静岡市	55	17%	89	24%	144	21%
愛知県　名古屋市	138	43%	265	71%	403	58%
三重県　四日市市	23	7%	25	7%	48	7%
滋賀県　大津市	43	13%	100	27%	143	21%
京都府　京都市	112	35%	191	51%	303	43%
大阪府　大阪市	180	56%	298	79%	478	69%
兵庫県　神戸市	140	43%	197	53%	337	48%
奈良県　奈良市	43	13%	72	19%	115	16%
和歌山県　和歌山市	45	14%	55	15%	100	14%
鳥取県　鳥取市	38	12%	29	8%	67	10%
島根県　松江市	45	14%	37	10%	82	12%
岡山県　岡山市	77	24%	160	43%	237	34%
広島県　広島市	101	31%	159	42%	260	37%
山口県　下関市	23	7%	15	4%	38	5%
徳島県　徳島市	42	13%	68	18%	110	16%
香川県　高松市	57	18%	110	29%	167	24%
愛媛県　松山市	76	24%	145	39%	221	32%
高知県　高知市	64	20%	95	25%	159	23%
福岡県　福岡市	145	45%	221	59%	366	53%
佐賀県　佐賀市	26	8%	57	15%	83	12%
長崎県　長崎市	49	15%	119	32%	168	24%
熊本県　熊本市	58	18%	96	26%	154	22%
大分県　大分市	64	20%	148	39%	212	30%
宮崎県　宮崎市	67	21%	85	23%	152	22%
鹿児島県　鹿児島	50	15%	85	23%	135	19%
沖縄県　那覇市	55	17%	94	25%	149	21%
全国平均	69	21%	117	31%	186	27%

受けていることになる。

私の故郷、兵庫県但馬の八鹿小学校時代は八鹿映画劇場があり、学校の授業を休んで、クラスごとに映画をよく見に行った。十数年前、北但馬の田舎の友人から豊岡で劇場がなくなったと聞いた（二年前に豊劇は復活した）。以上日本映画の文化の格差と貧困の姿である。

それでも見たい映画がある、そういう『全国映連』という組織がある

『全国映連』という組織は、全国的な各サークルからなっている。毎月上映しているサークルもあれば、半年に一回ぐらいという組織もある。兵庫県には、神戸映画サークル、姫路シネマクラブ、加古川シネマクラブ、明石シネマクラブと複数のサークルがある。『キューポラのある街』など古い映画だが、見たいもの、見せたい映画を上映する。

『全国映連』は夏に一回、映画大学を開催、日本映画界に貢献している。

また、全国で映画祭が盛んに行われている

映画祭といって、例えば一年に一回祭りを行っているところもある。私は二〇〇二年に中津川映画祭に参加したが、その年は、映画館関係者とファンの交流会が行われた。三國連太郎（俳優）、神山征二郎（映画監督）、本木克英（映画監督）などが参加し盛大で日本映画で心のこもっ

た祭だった。

私の乗ったタクシーの運転手は次のように語った。「二十数年前には、中津川にも四館ほどの映画館がありました。今では映画館はありません。市民が映画を見るには、一時間かけて、名古屋まで出かけなければなりません」。

二〇〇三年に行われた中津川映画祭では『雄呂血』(一九二五年)、『たそがれ清兵衛』(二〇〇二年)、『赤西蠣太』(一九三六年)、『人情紙風船』(一九三七年)、『忍びの者』(一九六二年)、『切腹』(一九六二年)など、見たい映画を見た人たちは大変満足した。

おわりに

今日、世界と日本をコロナウィルスが席巻している。そして世界と日本の悪の姿が、浮かび上がっている。マスコミの中には日本資本主義の危機という言葉も出てきている。日本映画の公開率の大きな極端な差も、日本資本主義の危機の一つの現れであり、また、私たちは、映画に対し夢と希望を持って、必ず乗り越えていかなければなりません。

(「東京私教連退職教通信」二〇二〇―九・九 No.137)

第八章　映画時評

日本映画界で文化庁の映画製作助成金の闘いと歴史についてかえり見る　―文化と芸術に希望の灯―

―　一九九一年・平成三年

文化庁所管の『日本芸術文化振興会』が、出演した俳優の刑事処分を理由に、映画『宮本から君へ』の助成金交付内定取り消しは二〇二一年六月二十一日、東京地裁で「裁量権の逸脱、濫用」として国側の決定の取り消しの命令があった。この判決は行政機関の裁量・濫用を認めた事例として、高く評価できるものである。

だが、この助成金問題には闘いの歴史がある。この課題の充実と前進には、大きくは今後の勝利にかかわっている。一番早いのは二〇二一年の総選挙で野党連合が勝利することか。

一九九一年度から文化庁などの支援で映画製作が盛んになり、良い映画が作られた。映画の分野では、二〇〇一年文化芸術振興基本法が交付。〇三年には文化庁が「これからの日本映画の振興について―日本映画の再生のために―一二の柱」を提起。さらに、具体的には政府出資金が五百億円。民間出資金を百十一億五千六百万円での原資をつくり、それによって、日本芸術文化振興会の芸術振興基金が設立された。

一九九一年度から同基金の劇映画、記録映画、アニメ映画への具体的な映画製作支援が始まった。一九九七年度では支援金の応募件数は、七十一件。実際に支援を受けた件数は十二件、交付率は一八％。そして同基金創立時の邦画公開本数が二百本であったが、この二十年を振り返れば、四百本を超し同基金が邦画製作本数の増加要因の一つの力となったことは間違いない。

さらに言えば、例えば『まあだだよ』（監督・黒澤明）、『戦争と青春』（監督・今井正）、『平成狸合戦ポンポコ』（監督・高畑勲）、『雨あがる』（監督・小泉堯）、『午後の遺言状』（監督・新藤兼人）など、多数の名作がこの基金の公的支援を受けて作られた。

もともと日本の文化予算は、長年の自民党政治のもとで、ヨーロッパ諸国、韓国に比べて、きわめて貧困の状況にある。〇九年度の当初予算は千十五億円。アメリカの「思いやり予算」の約四〇％。

ところが、小泉政権下、映画は〇三年から〇八年の五年間、十三億円から六億二百万円と半分以下に削られてきた。そして安倍政権では、一方的に支援が打ち切られている。

さて、最近の日本芸術文化振興会の映画支援の現状を報告すると――

最近製作された、安倍政権の延命に力をそそぐ官僚の巣窟の闇を描き、アカデミー賞を受賞した『新聞記者』を製作したプロダクションの劇映画『宮本から君へ』の助成金が交付内定後にとり消された問題が起きている。交付を決めた正式の審議会に取り消し問題を諮らず、独断で上から日本芸術文化振興会が決めてきた。芸文振興内定取り消しの理由として、本映画の出演者の一人であるピエール瀧氏の麻薬取締法違反を理由に挙げている。そして、九月になって芸文審は、「公益性の観点から交付内定が不適当と認められた場合には、内定を取り消すことができる」と書き加え、交付内定を取り消した。はじめてのこと。前述したように、芸文振は一九九〇年にスタート。民間と芸術活動への助成を目的として発足した。その活性化の中心的柱が、今問題となり、今日裁判が続けられている芸文政府が文化芸術活動への助成を目的として資金を出して発足したもの。新しい文化を創造する環境の醸成と基盤の強化をはかる観点と、芸術家と芸術団体がおこなう創造・普及のための活動に対して援助の継続的で安定的に行えるよう理念をかかげてスタートしたものである。『宮本から君へ』の交付内定取り消しは、前述の芸術文化振興基金の理念を放棄するもの。戦前の検閲を絶対に許してはならない。

この闘いには、二〇〇七年天王山の大闘争があった

二〇〇七年五月三日／長編記録映画—『靖国』（李櫻＝リ・イン監督）作品に対する国会議員靖国派の総攻撃は日本映画界に何をもたらしたか—

映画界に日本映画再生の運動が起きた。文化庁を先頭に、会長を岩浪ホール支配人の高野悦子氏として、日本映画の各界から委員会を作り、日本映画の活性化をはかった。そして一九九〇年にスタートした。民間と政府が文化芸術活動への助成を目的として発足した。その活動の中心的柱が、今問題となり、今日裁判が続けられている芸文振の製作助成金である。この施策によって日本映画は量とともに高揚した。

ところが、三十年たった今日、製作資金は減らされ、前述の『宮本から君へ』を見て、製作者はあらかじめ忖度をして、支援を申し込まなければならないような事態が起きている。この

三十年間に何が起こったのか。

週刊新潮（二〇〇七年六月七日号）を媒体として靖国派の国会議員の側から総攻撃が始まった。

二〇〇七年、「反日映画」ではないかとして『週刊新潮』が映画『パッチギー・ＬＯＶＥ＆ＰＥＡＣＥ』（井筒監督＝二〇〇七年五月公開）への文化庁の製作支援金支援に疑義の記事を掲載。そして、井筒監督が出演しているテレビ番組に対して「井筒は北朝鮮のスパイ、こんな人物をテレビに出すなよ」など攻撃が始まった。

映画『靖国』

そして、二〇〇八年二十日号の『週刊新潮』は、「助成金七百五十万円の反日映画『靖国』を巡る検閲問題という記事を掲載。そして、「我々の血税が回りまわって『反日映画』に使われているわけだから、国会議員が問題視するのは当然だろう」と一部の国会議員を後押しする結果となった。

二〇〇七年二月、映画「靖国」公開中止に向け、稲田朋美議員（自民）が『週刊新潮』などの内容を取り上げ、「助成に疑義があるから試写を見たい」と文化庁に申し入れた。映画配給者のアルゴ・ピゥチャーズは、「マスコミの試写があるからどうぞ」と回答した。（マスコミの前に、特別の個人がある目的をもって公開前の試写を強要するのは、通常映画界ではあってはならないことになっている。一種の検閲になりかねない）

稲田議員はあくまで固執し、アルゴ側が譲った。国会議員八〇人で試写会は行われた。この動きが右翼団体へと。・・・公開を予定していた映画館も右翼の動きに公開中止、いわゆるバッシングが激増した。

黙っていられない、メディアから労組まで、上映中止反対に立ち上がる。

「―言論表現の自由への脅威に際して―」として毎日、朝日、産経、東京、日経六紙が社説で反対一致して立ち上がる。いずれの新聞社も四月二日に各紙が訴えていることは、憲法が保障する言論表現の自由を奪われてはならないという強い思いである。

二〇〇八年三月二十五日、二十七日の国会で水落敏栄議員（自民）は、映画『靖国』について、文教化学委員会（参議院）で次のような発言をした。「こうした客観性に欠けるものや政治的なものを意図する映画に我々の税金が出ていることに問題があるわけであります。すなわち、文化庁が主導する芸術文化振興基金からその映画『靖国』に七百五十万円の助成金が出ていることは誠に大きな問題であると思っています」。

二〇〇八年三月二十七日、自民党の有村治子参議院議員は、「納税者、世論に多くの読者をもち、世論形成に大きな影響をもつ大手週刊誌もこの助成金の交付を疑問視し、問題視され、複数回にわたる疑義を呈しております」。映画『靖国』はそもそも芸術文化振興会の助が行われているのである。そして靖国派の国会議員の意図は貫かれている。

映画『靖国』は、二〇〇六年度文化芸術振興会から七百五十万円の助成金を給付された。その選考とルールとは何か。「助成金の交付を適正に行うため、芸術文化に広くかつ高い見識を有する一三名の委員で構成する芸術文化振興基金運営委員会を設置し」、「審査体制」をとり、その「審査結果」を文章で発表している。また、「政治的または宗教的宣伝の意図あるもの」を選考から除外するとあり、この解釈はいわゆる政治的CMやPRに関するものという解釈でいくと決めている。映画『靖国』は、この手順とルール、そして内容について正々堂々と選ばれたのであり、これらの詳細について、国会でも明らかにされた。そして、この戦いを通じても、芸文振の映画再生の意図は貫かれ、映画は中止ではなく全国公開され、維持されたように思う。

だが、それから十二年目、今日『宮本から君へ』のごとく形を変え、検閲が行われているのである。そして靖国派の国会議員の意図は貫かれている。

今日、日本映画の状況は、製作者が申し込みづらい雰囲気になっている。闘いはこれからだ。

映画『宮本から君へ』

昔の言葉に「労働者は時々勝利を得るが、それはほんの一時に過ぎない」(「共産党宣言」)。闘争はジグザグしながら勝利に向かって進む。心して映画に希望と夢を託して闘わなければならない。

(「保存会ニュース」二〇二一—十一・十、№422)

第九章　映画時評

日本映画の反戦・平和・反核の積極的な系譜と伝統
――学徒出陣七〇周年の年にあたって

二〇一三年の今年は太平洋戦争の「学徒出陣」七〇年に当たる。一九四三年十月二日に「在学徴集延期臨時特例」が公布され、理工科系と教員養成系以外の学生は徴兵猶予の恩典が停止となった。学生たちは学生服から軍服に着替え、ペンの代わりに銃を持って職場に赴くこととなった。およそ一三万人の学生たちが出陣していったといわれている。

全国のあちこちで「学徒出陣」壮行会が行われた。その中でももっともよく知られているのが、土砂降りの雨の中の明治神宮外苑競技場の「壮行会」（十月二十一日）である。観覧席には後輩の学生や女子学生たちが出陣する学生を見送った。この光景を記録した映画が二本ある。一本はニュース映画『日本ニュース第一七七号、出陣学徒壮行会』／日本映画社（一九四三）で、もう一本は記録映画『学徒出陣』文部省制作（四三）である。その後、反戦をテーマとした映画でどれだけこれらの記録映画の映像が活用されたことか。

さて、戦後日本映画は学徒兵が主人公となる映画をはじめ反戦・平和・反核の大作・名作を多数世に送り出してきた。このことは日本映画の誇るべき伝統である。

一九四五年八月十五日、太平洋戦争は終結した。日本はアメリカの戦後体制下に入った。アメリカは連合軍の名のもとに民主化措置を

大曽根家の朝

取った。日本の映画人を苦しめてきた「治安維持法」も「映画法」も廃止された。日本の映画界から軍国主義的要素を取り除くなど戦前とは異なった状況が生まれたが、それはアメリカの占領政策が許容する枠内にとどまった。だが、こうした新たな状況のもとで、戦前耐えに耐えぬいてきた日本の映画人の良心がせきを切って銀幕にほとばしり出た。戦後の出発点において、その後日本映画の誇るべき伝統となる反戦・平和・反核の映画作りの道を大きく歩み始める。

学徒兵、特攻兵を描く作品が平和の太い流れを形成している

今年は学徒出陣七〇周年でもあり、とりわけ学徒兵、特攻兵を描く作品を取り上げ、その内容を考察したい。別表にあるように一九五〇年から二〇〇八年までの学徒兵、特攻兵などを取りあつかった映画三十作品を取り出した。そこから先ずわかることは学徒兵、特攻兵などをテーマとする映画は一九五〇年の『また逢う日まで』『日本戦没学生の記録　きけ、わだつみの声』を嚆矢として、毎年のように作られ、年によっては二本から三本の作品が世に送り出されており、かつ『きけ、わだつみの声』など、同じタイトルの映画が繰り返し製作されている。そして製作面では一九七〇年代中半ごろまでは東映、松竹など、一社によって作品が作られていたが、一九九〇年代に入ると、製作委員会方式による製作に変化していく。さらに岡本喜八監督や神山征二郎監督は一作品だけでなく、数本の作品を作っており、それらのことを総合してみ

学徒兵・特攻兵が登場する主な日本映画（1950年～2008年）

作品名	製作年	製作会社	監督	出演
また逢う日まで	1950	東宝	今井　正	岡田英次、久我美子
きけわだつみの声　日本戦後戦没学生の手記	1950	東横映画	関川秀雄	伊豆肇、原保美
雲ながるる果てに	1953	重宗プロ、新世紀映画	家城巳代治	鶴田浩二、木村功
人間魚雷　回天	1955	新東宝	松林宗恵	岡田英次、木村功
殉愛	1956	東宝	鈴木英夫	鶴田浩二、八千草薫
人間魚雷出撃す	1956	日活	古川卓己	石原裕次郎、森雅之
「雲の墓標」より海ゆかば	1957	松竹	堀内真直	田村高廣
予科練物語　紺碧の空遠く	1960	松竹	井上和男	山田五十鈴、山本豊三
あゝ同期の桜	1967	東映	中島貞夫	鶴田浩二
あゝ予科練	1968	東映	村山新治	鶴田浩二、梅宮辰夫
人間魚雷あゝ回転特別攻撃隊	1968	東映	小沢茂弘	鶴田浩二
肉弾	1968	「肉弾」を作る会	岡本喜八	寺田　農
最後の特攻隊	1970	東映	佐藤純弥	鶴田浩二、高倉健
花の特攻隊あゝ戦友よ	1970	日活	森永健次郎	杉良太郎、浜田光夫
あゝ決戦航空隊	1974	東映	山下耕作	鶴田浩二、菅原文太
風立ちぬ	1976	堀威夫、笹井英男	若杉光夫	山口百恵、三浦友和
英霊たちの応援歌　最後の早慶戦	1979	東京12チャンネル	岡本喜八	永島敏行
月光の夏	1993	仕事	神山征二郎	若村麻由美、田中実
君を忘れない	1995	ヘラルド	渡邊孝好	唐沢寿明、木村拓哉
きけ、わだつみの声	1995	東映、バンダイ	出目昌伸	緒方直人、織田裕二
Winds of God	1995	ケイエスエス、松竹第一興行	奈良橋陽子	今井雅之、山口粧太
人間の翼　最後のキャッチボール	1996	映画「人間の翼」をつくる会	岡本明久	東根作寿英
ホタル	2001	「ホタル」製作委員会	降旗靖男	高倉健、田中裕子
紙屋悦子の青春	2006	「紙屋悦子の青春」パートナーズ	黒木和雄	原田知世
出口のない海	2006	「出口のない海」フィルムパートナーズ	佐々部清	市川海老蔵
俺は、君のためにこそ死にに行く	2007	「俺は、君のためにこそ死にに行く」製作委員会	新城　卓	岸恵子、徳重聡
パッチギ！LOVE&PEACE	2007	「パッチギ！LOVE&PEACE」パートナーズ	井筒和幸	中村ゆり、井坂俊哉
北辰針にさすところ	2007	「北辰針にさすところ」製作委員会、神山プロダクション	神山征二郎	三国連太郎
明日への遺言	2008	「明日への遺言」製作委員会	小泉堯史	藤田まこと
ラストゲーム　最後の早慶戦	2008	「ラストゲーム　最後の早慶戦」製作委員会	神山征二郎	渡辺大、柄本佑

ると、日本の映画人が戦後の日本映画史の中で、いかに学徒兵、特攻兵をテーマとして平和を訴えてきたか。いかに精力的に情熱をもって作ってきたか、がよくわかる。もちろん背後には、日本人の反戦・平和・反核の願いがあってのことである。以下三十作品のうちとりわけ私が印象深く思ういくつかの作品に立ち入って検討することとする。

『人間魚雷回天』（一九五五）は、朝倉（岡田英次）や玉井（木村功）らが、回天を搭載した潜水艦で出港する。その直後敵艦隊から出港がキャッチされ、朝倉、玉井らは潜水艦に最後の別れを告げ、回天に乗り込んでいく。『風立ちぬ』（一九七六）では長野県軽井沢で病気療養中の少女（山口百恵）と高校生（三浦友和）が恋人同志になっている。周囲の人たちも暖かい目で見守り婚約へと進む。だが、東京の大学に進んだ三浦に赤紙が来る。他方山口の病気は進む。三浦が入隊する時、山口は病死する。だが、三浦はそれを知らずに出征していく。堀辰雄の小説の映画化である。『月光の夏』（一九九三）では二人の特攻兵が登場してくる。一人は音楽学校出身の隊員（永野典勝）。明日にせまった出撃を前に、「どうしてももう一度ピアノを弾きたい」と、国民学校に立ち寄り、ベートーベンのピアノ・ソナタ「月光」を弾き、もう一人の特攻兵は師範学校出身の隊員（田中実）。彼は子どもたちとともに、田中の伴奏によって「海ゆかば」を歌う。それから二ヵ月後に戦争は終わったが、一人は戦死し、もう一人のその後には、過酷な運命がまっていた…。『人間の翼　最後のキャッチボール』（一九九六）は当時実在のプロ野球の名投手が主役。ノーヒットノーランの記録を遺して軍隊に入隊。この名投手は特攻隊員として出撃の朝、学友でもある野球選手を相手に最後の十球を投げ込んで出撃する。

そして、特攻兵が登場する映画に共通して描かれるテーマとして、家族や恋人との別離の悲しみ、生命を強制的に絶たれることへの悩みや怒りなどの問題がある。実は一九四五年下旬、陸軍航空本部が陸軍特攻兵の知覧基地において、特攻隊員の心理調査している事実がある。「その調査結果は、現在の三分の一は、『最初から希望していなかった』と率直に述べている」（生田惇著『陸軍航空特別航空隊史』ビジネス社）。「特攻に『志願』したはずの多くの人びとが、出撃の時間までどれだけ苦しみ悩んだのかの一端が、軍の心理調査でさえ明らかにされている」（『その時間、彼は生きていた―特攻を描いた日本映画の歩み―』映画評論家・山田和夫／『前衛』二〇〇七年九月号）。このことを彷彿《ほうふつ》とさせる映画が『雲ながるる果てに』（一九五三）ではなかろうか。この映画は大学から出征させられてきた予備飛行学生たちを描いている。松井（高原駿雄）、深見（木村功）、大滝（鶴田浩二）などが登場する。これら三人の特徴は限られた時間であっても、その時間は人間性を感じて必死に生きようとすることだ。松井は出撃中止になるやいなや脇目もふらず恋人のところに飛ん

雲ながるる果てに

でいく。松井は一足先に出撃し、「戦争のない国に先に行って待っている」といって生きたいという心の叫びを残す。深見はこの戦争に疑問をもち女教師と散歩する時間を持つ。その深見の心底を見抜く上官が彼をなぐり飛ばす。大滝のもとに父母が基地に会いにやってくる。だがその連絡の直後に出撃命令。出撃命令は彼が両親に会った後まで待てないのか。出撃と両親と会うこととは、ここでは出撃命令が最優先。この矛盾に大滝は悩み苦しむ。親と会いたいという気持ちを打ち消すために、彼は池に飛び込み、水の冷却で感情を抑えようとする。この映画から学徒兵たちの悩みや迷いを充分に読みとることができるのではないか。

また逢う日まで

ふたたび戦争の足音が　一九五〇年六月二十五日朝鮮戦争勃発

まず、『また逢う日まで』（一九五〇）と『日本戦没学生の手記　きけ、わだつみの声』（一九五〇）から取り上げたい。この二つの映画の公開日がきわめて重要な意味をもつ。前者は公開日が一九五〇年三月二十一日。後者は同年六月十五日。これらの日々を歴史的事実でさぐってみる。今日の「日本国憲法」は、四六年十一月三日に公布され、翌四七年五月三日に施行された。この憲法には「日本国民は、正義と秩序を基調とする国際平和を誠実に希求し、国権の発動たる戦争と、武力による威嚇又は武力の行使は、国際紛争を解決する手段としては、永久にこれを放棄する」「前項の目的を達するため、陸海軍その他の戦力は、これを保持しない」（憲法九条）と書かれている。他方一九五〇年六月二十五日北朝鮮側が南侵し朝鮮は全面的な内戦状態に。アメリカ軍を中心とする「国連軍」の派遣によって国際的な戦争となる。この時アメリカは日本の軍隊をなくしたことをどれだけ悔やんだことか。マッカーサーは当時の首相吉田茂に手紙を書いて、国家警察予備隊（七万五〇〇〇人）を編成することと、また海上保安庁の拡充を指示したといわれる。朝鮮戦争が始まった日からおよそ二週間後のことである。『また逢う日まで』の封切りが三ヵ月余遅ければ反戦・平和を訴える映画だけに、アメリカ占領軍はこの映画の上映中止も考えられなくもなかった。そのことは『きけ、わだつみの声』についてもいえることだ。

『また逢う日まで』の映画は大学生の田島三郎（岡田英次）の次のようなナレーションから始まる。「十時五十分、ああ、俺に翼があったら」「ケイコ……僕は必ず行くよ」「今日逢えなかったら、僕たちもう　永久にいや　待っててくれるね？　ケイコ」。三郎は恋人の螢子（久我美子）と待ち合わせているのである。だが、三郎の方は兄嫁が防空訓練中に倒れ流産。時間通りに螢子の所に行けない。結論として螢子の方は待ち合わせていた駅でアメリカ軍の空襲にあい戦死。三郎の方は螢子の戦死も知らずに列車に乗り込んで一路戦場へ。この物語は戦争によって若い恋人たちが引き裂かれる悲劇である。この映画には日本映画史に残る名シーンがある。それは三郎が画家の螢子の家を粉雪が降る日に訪問。家の中と外での窓ガラス越しの口づけをする。若者たちのごく引かえ目な心理状況を表す、あの時代の青春の象徴のような場面である。

『きけ、わだつみの声』の方はどんな映画か。『きけ、わだつみの声』（日本戦没学生の手記）という岩波文庫本がある。私が所持している本は一九八二年七月十八日発行のものだ。ぜひ一人でも多くの人に読んでもらいたい。映画『きけ、わだつみの声』はその手記を原作とはしているが、実はこの手記にはまったく登場しないビルマ戦線を舞台としている。一九四四年三月、日本の陸軍がインパール作戦と称してビルマ国境を越え東インドに進出する作戦をとった。この作戦は無謀で食糧も弾薬もなく、壊滅状態で日本の敗北となる。傷病兵は遺棄され、手榴弾《しゅりゅうだん》を渡された大隊長からは「お前らをおいておくのは忍びないが」「くれぐれも帝国軍人としての名誉を忘れるな」と訓示される。ぎりぎりの良心を貫こうとする三高在学中の学徒兵の青地軍曹を伊豆肇が演じている。美校出身の兵士はスケッチブックを美校へとどけてほしい、と夜道を谷底へ落ちていく。あますところなく日本の軍国主義の陸軍の本質を暴露している。

あらゆる圧制をはねのけて「人間的要求」としての野球試合を遂行

映画『ラストゲーム　最後の早慶戦』（二〇〇八）の時代背景は、一九四一年十二月八日、大平洋戦争が始まる時代。そして一九四一年四月文部省が当時圧倒的人気のあった東京六大学野球連盟に解散指令を出す。「野球は敵国アメリカの国技」という口実で、五月二十日には早慶戦も中止となる。早稲田の合宿所では、野球部の顧問の飛田穂州（柄本明）が学生たちとともに泊まり込んで「学生たちに、せめて生まれた証《あかし》として何か〝最後の思い出を〟」と考えている。学生たちも飛田と同じ想いで、試合はできなくとも練習を続けている。

同じ想いの人たちは慶応の側にもいた。慶応の小泉信三塾長（石坂浩二）が早稲田の合宿所を訪れ「学生たちが出征する前に早慶戦をやるのが、野球選手の願いだ」と試合の申し入れをする。早稲田の田中穂積総長（藤田まこと）は、文部省や軍に気遣い、「早慶戦は絶対にできない」と強硬な態度に出る。

この映画の見所の一つは、それに対し飛田が「早稲田は津田左右吉、大山郁夫など多くの歴史学者や政治学者が権力によって教壇を追われている」「追われた学者たちはそれでも節を曲げていません。それこそ真の教育者の姿ではないのか」「私は早慶戦に反対する人と闘います」と宣言。田中総長は黙認せざるをえなくなる。この飛田の野球と学生たちを守ろうとする姿勢が感動を呼ぶ。

一九四三年十月十六日、満員の早稲田の戸塚球場で最後の早慶戦は行われた。試合は一〇対一で慶応が負けるが、試合終了後思わぬことが起きる。早稲田の側から慶応の校歌が、慶応の側から早稲田の校歌が流れる。「人間的要求」を暴力的に断ち切ろうとした国家権力に早慶の学生たちは人間性を貫き通し、また、両校の選手たちと両校の勇気を讃え、両者の満員の観覧席から総立ちで感動の拍手が起こる。そしてスクリーンは一九四三年十月二十一日の明治神宮外苑競技場での、あの雨の降りしきる中の「学徒出陣壮行会」(回想)の場面に転換する。最後の早慶戦に出場した選手たちのうち、早稲田の四人が戦場へ。その中の一人、三番打者だった遠藤清は特攻隊員として沖縄の海で戦没。また、早慶戦の慶応の四番打者、別当薫は戦後プロ野球で活躍。戦争への怒りをぶつけた力作である。

ラストゲーム　最後の早慶戦

学徒出陣七〇周年の今年も、また日本の映画人や演劇人は学徒出陣、特攻兵をテーマとする演劇と映画を発表している。一つは演劇『見上げればあの日と同じ空』(四月に紀伊国屋ホールで公演／演出・及川拓郎)、もう一つの演劇は『月光の海ギタラ』(俳優座公演で企画。出演・加藤剛／演出・藤原留香)である。映画の方は、アニメ映画『風立ちぬ』(監督・宮﨑駿)七月の公開。

以上、ここまで学徒兵・特攻兵を含めた日本映画の反戦・平和・反核の誇るべき系譜と伝統を見てきたが、他方、「警察予備隊」が一九五二年に「保安隊」になり、そして五四年には「自衛隊」に拡大していく時、日本映画史もまた五〇年代後半から「右傾化」の先ぶれが始まり、戦争賛美、戦争免罪の映画が登場する。かくて今日までこうした反動的で根深い執拗《しつよう》な系譜も日本映画史には存在しつづけている。このことを方時も忘れてはならない。今日安倍晋三政権は憲法を改悪し、日本を「アメリカとともに海外で戦争ができる国」にしようとしている時、テレビ界では軍隊にあこがれを持つ子どもたちを増やそうとする動きが目立つ（『名探偵コナン』）。映画界でも『図書館戦争』（四月公開）という映画が、もっとも自衛隊がふさわしくない図書館を舞台に航空自衛隊の全面的協力を受けて映画づくりがなされている。
「学徒出陣」の七〇周年の年にあたって、以上のような日本映画の「逆流」に大きな注意を払いつつ、さらに日本映画の反戦・平和・反核の系譜の伝統を今こそ継承・前進させなければならない。

『現在映画批評・映画評論』（二〇一一・十・四）

第十章　映画時評

伊藤千代子の映画はどうなったか　―　二〇二〇年

コロナ禍の昨年（二〇二〇年）、日本映画の状況どうだったか。興行収入最低に、入場人口、前年比五四・五%、映画製作、映画館などの文化は大苦境！　日本映画製作者連盟（東宝・松竹・東映ら……）が昨年度の「全国映画概況」を一月二十七日に発表した。

興業収入の方は、前年比五四・九％であった。「映画館は全面的に営業を中止。この事態となり、なかには、今後の公開の目途が立たない映画も見られ、配給者も苦境に立たされた」。「全国六か所撮影所も閉所、あるいは営業を縮少し」、「撮影所の外のロケーションも自粛するなど、新たな映画の製作についても中止、延期を余儀なくされ、多くのスタッフが待機状態になり、不安な生活を強いられた」。（同連の新年の挨拶、『二〇二一年の全国映画概況につきまして』）。日本映画の監督、脚本家、撮影、大道具などの技術者がリストラなどに遭い、苦しい日々がつづいている。

「伊藤千代子の製作チームの映画製作委員会」も例外でなく、製作開始が大巾に遅れた。同チームはこの間、製作準備として、シナリオ作り、財政問題、先行宣伝、支援団体・個人の組織、キャスト、スタッフの選考などに努力し、そしてやっと映画、『わが青春つきるとも—伊藤千代子の生涯』（正式映画題名）のクランクイン。この秋から開始することになった。

千代子役主演女優決定、それは新人女優の、井上百合子さん、タイトルも発表、『わが青春つきるとも―伊藤千代子の生涯』
五月十二日（水）桂壮三郎・映画製作を支援する会・国賠問題チームは、千代子役として新人女優を発表、前述の写真とプロフィールにある通りです。井上さんは五月十二日（水）に抱負を「伊藤千代子を学び、全力で演じたい」と決意を語り会場からは惜しみない拍手が送られました。

新人・井上百合子
（伊藤千代子）

また、映画のタイトルも発表され、『わが青春つきるとも―伊藤千代子の生涯』となりました。

民衆と平和を愛した伊藤千代子の青春、暗黒政治を許さない映画、老若男女を問わず、とりわけ、若い人たちに見てもらいたい。
長野県の支持者の方々の協力をえて、いまロケハンが長野県の松本、諏訪地方で進んでいます。そして、治安維持法国賠同盟が中心的役割をにないながら、一回り大きな製作運動として発展しています。（賛同団体＝治安維持法犠牲者国家賠償要求同盟・日本国民救援会・日本婦人団体連合会・婦人民主クラブ・新日本歌人協会・全日本年金者組合・全日本年金者組合東京都本部・全日本民主医療機関連合会・宇治、長野、大阪、東京各山宣会）製作目標をかかげ二〇二二年春から全国上映をめざします。全国あらゆる人が鑑賞できるよう全国公開の場を設けます。

「良い映画は人間の人生を変える力をもっています。若者の皆さんもぜひ。」

映画監督の桂壮三郎さんは製作資金の協力を呼びかけています。

アララギ派の土屋文明が伊藤千代子について詠んだ短歌が次のそれである。

こころざしつつたふれた少女よ、新しき光の中におきておもはむ

伊藤千代子ものがたり

時代は、第一次世界大戦からロシア社会主義革命。日本では、富山から波及した米騒動（一九一八年）。日本で初めてのメーデー（一九二〇年五月一日）、労働者のストライキ、小作争議が全国あちこちで起こり、国民が自らの力に目覚め、一九二二年七月十五日、日本共産党が誕生した。

伊藤千代子はどんな女性か
彼女は一九〇五年（明治三十八年）、長野県諏訪郡湖南村真志野（現在諏訪市）に生まれました。

千代子は一九一八年、長野県立諏訪高等女学校に入学。そこで二十九歳の若き土屋文明が国語と英語を担当。千代子は自由な雰囲気の中で豊かな知性と優しい感性を養う。

千代子はその後、東京女子大に入学。そこで科学的社会主義と出会う。『フォイエルバッハ』『賃金　価格　利潤』など古典を学び、他方、故郷の製糸工場の労働者の状況を知り、支援する。

一九二八年には日本共産党に入党し、党の中央委員会で活動を始めます。

それから、浅野晃と結婚。その後三月十五日の大弾圧で、千代子は検挙され、刑務所で激しい拷問を受ける。悲しいことに、夫の浅野は裏切り。一九二九年八月精神的にも、肉体的にも悪化。九月中旬義母と夫が面会に来ますが、彼女は夫との面会は拒否。千代子はあらゆる弾圧に屈せず、主権在民、不戦、社会変革の志を貫き通し、同年九月二十四日、二十四歳の生涯を終える。伊藤千代子の生涯が明るみに出たのは、戦後、一九八〇年後期、東欧の崩壊、一九九一年、ソ連の崩壊していく中で、一九九二年、当時の日本共産党の宮本顕治議長が党の会議で、若くして反戦と主権在民を掲げ闘いの中で倒れた女性共産党員・伊藤千代子などを紹介した。

また、さらに世に広く知られるようになったのは、一九九七年七月二十一日に、歌人の土屋文明の歌が長野県、南真志野の龍雲寺に顕彰碑として、建立されてからである。文明の歌とは、「こころざしつつたふれし少女よ　新しき党の中に置きて思いむ」である。

この映画のスタッフは、最近の例をあげると、プロデューサーは、『アンダンテ稲の旋律』（二〇一〇年原作・旭爪あかね）、その年の日本映画制作者協会の最優秀プロデューサー賞を受賞した桂壮三郎氏。一九五九年には、米軍の戦闘機の墜落による沖縄の悲劇を描いた『ひまわり〜沖縄は忘れないあの星の空を』（二〇一三年度作品）を製作。二〇一七年には『しんぶん赤旗』に連載された柴垣文子原作の『校庭に東風吹いて』。この作品は子どもたちが審査員をつとめる『第五回こども国際映画·in沖縄』でグランプリを受賞した。今度の作品の原案は『時代の証言者　伊藤千代子』藤田廣登（『学習の友社刊』）、監督は桂壮三郎氏。

映画製作には、多大な制作費がかかります。とりわけ、この映画のような独立プロの映画製作条件はとりわけ困難をきわめます。全国からの制作上の支援をはじめ絶大なご支援をお願いするものです。

重ねてよろしくお願いします。（この原稿を書くにあたって同映画の紹介チラシと『パンフ日本共産党兵庫県文化後援会No.106号、戦前、時代の真実を生きた女性たち—　広井暢子氏の記事を読んで』を参考資料としました）。

（二〇二一年　初出）

第十一章　映画時評

多数の映画人・降旗康男、山内久氏らが「映画人九条の会」呼びかけ、積極的活動の展開を

——二〇〇四年十一月二十四日、結成、我らは「憲法を守る」

世界と日本の映画人と映画は、戦争と平和をめぐっての攻防戦をつづけることは、間違いない。そうした時、人々が映画に対する鑑賞眼を高め、磨きをかけ、そのことによって、世界と日本の映画人が、平和を求める映画や良質の映画を、より多く作ることができる環境を整えることが、重要なのではなかろうか、と思う。

現在、憲法九条改憲を、自民党・公明党・民主党が声をあわせて大合唱している。二〇〇四年四月二十六日、自由と平和の問題を、日本映画の生命線と考える映画人、映画愛好者が、戦前・戦中の表現の自由を奪われた「痛切な記憶」を再現させず、日本映画の未来を切り開くために、日本国憲法の完全実施を求め、憲法改悪に反対する「平和憲法を守る映画人会議準備会（仮称）」＝準備会代表・山田和夫、事務局・映画演劇労働組合連合会＝を結成した。

そして、二〇〇四年五月二十八日、「5・28憲法学習会」―「世界に誇る日本国憲法を守るために」＝講師／奥平康弘（憲法研究者）――を開いた。これには五〇人の映画・演劇関係者が参加。奥平氏は、「憲法九条をなくすことは、武力によらない平和を目指す日本独自の外交の根拠をなくすほか、さまざまな文化的影響を日本社会にもたらすことを考えよう」と呼びかけた。

さらに、大きな歴史的動きが……。二〇〇四年六月十日、井上ひさし、梅原猛、大江健三郎、奥平康弘、小田実、加藤周一、澤地久枝、鶴見俊輔、三木睦子の九氏が「九条の会」アピールを発表した。

このアピール文を、映画人の中に広めることを目的として、大澤豊（映画監督）、小山内美江子（脚本家）、黒木和雄（映画監督）、神山征二郎（映画監督）、高畑勲（アニメーション映画監督）、高村倉太郎（日本映画撮影監督協会名誉会長）、羽田澄子（記録映画作家）、降旗康男（映画監督）、堀北昌子（日本映画・テレビスクリプター協会理事長）、山内久（脚本家・日本シナリオ作家協会理事長）、山田和夫（日本映画復興会議代表委員）、山田洋次（映画監督）の十二人が、「映画人九条の会」の結成を呼びかけた（呼びかけ文は資料二に掲載）。

この呼びかけに、二〇〇四年十一月二十四日現在、五一七名が賛同。この中には、大林宣彦（映画監督）、恩地日出夫（映画監督）、新藤兼人（映画監督）、本木克英（映画監督）、鈴木敏夫（スタジオジブリ・プロデューサー）、ワダ・エミ（衣装デザイナー）、奈良岡朋子（俳優）、倍賞千恵子（俳優）、吉永小百合（俳優）の各氏のほか、多彩な人たちがふくまれている。その後も、「会」の参加者は

「映画人九条の会記者発表」二〇〇四年十一月二十四日　文京区民センター

増えており、俳優の仲代達矢氏も加わった。

これをうけて、「映画人九条の会」は、二〇〇四年十一月二十四日、「映画人九条の会記者発表」を行い、「映画人九条の会」を結成した。「記者発表」には、神山征二郎、高畑勲、高橋邦夫（映演労連委員長、「映画人九条の会」事務局長）、高村倉太郎、堀北昌子、山田和夫氏の六名が出席した。

記者発表後の結成集会には、二〇〇名が参加。同結成集会では、太平洋戦争の戦時下のアニメ『桃太郎海の神兵』（製作／松竹動画研究所、後援／海軍省、監督／瀬尾光世）の上映と、呼びかけ人の一人でもある高畑勲監督が「アニメと戦争」というテーマで講演を行った。

「現在」と立ち向かう、日本映画人の闘いの、新たなスタートの火ぶたが切って落とされた。

（『葦立ち』十五号、二〇〇四年十月に、一部掲載）

九条改悪を絶対に許してはならない
岸田政権さっそく改悪大合唱、野党共闘は参議院選挙で勝利を

二〇二一年十月三十一日、立憲民主党、日本共産党、社民党、れいわ新選組が市民連合に、市民と野党の共闘体制を組み、衆議院選挙を闘ったが、残念ながら改憲勢力（自民党、公明党、維新の会など）に三分の二以上の議席を許してしまった。岸田首相は「党是である憲法改正を

急げ。積極的に取り組んでいく」と言い、維新の会・松井代表も「来年の参議院選挙と同時に国民投票を実施すべきだ」と、さっそく改悪大合唱が始まった。

今回の総選挙では、野党共闘は議席を伸ばすことはできませんでしたが、市民と野党の共闘には大義があり、改憲勢力が恐れているのは、市民と野党の発展と深化です。何としても改憲勢力を押し返し、来年（二〇二二年）の参院選で必ず勝利しなければなりません。

（二〇二一年　初出）

【資料二】
映画人九条の会・結成と参加の呼びかけ

日本国憲法第九条を改悪し、日本を「戦争のできる国」に変えようとする策動が強まっていますが、去る六月十日、日本を代表する九人の知識人（井上ひさし、梅原　猛、大江健三郎、奥平康弘、小田　実、加藤周一、澤地久枝、鶴見俊輔、三木睦子）が「九条の会」をつくり、九条改憲に断固ノーの姿勢を示す「九条の会・アピール」を発表、全国民に賛同と連帯を呼びかけました。

私たち平和を愛する日本の映画人、映画愛好者は、「九条の会」の高く掲げた理念と呼びかけに心から賛同し、「映画人九条の会」を結成することにしました。

私たち「映画人九条の会」は「九条の会」と連帯し、「九条の会・アピール」を広く映画人、映画愛好者に訴え、賛同者を集めます。

「映画人九条の会」は、社会的な見方、政治や宗教についての見解、あるいは文化・芸術についての価値観など、相違点と多様性を越えて、日本国憲法第九条を守るという、この一点ですべての映画人、映画愛好者に参加と共同をお願いします。

また「映画人九条の会」は、憲法改悪阻止に向けてさまざまな行動を企画し、さまざまな分野の運動と交流をはかりつつ、映画人、映画愛好家に憲法第九条を守る運動を広げていきます。

「映画人九条の会」の事務局は映演労連（旧・映演総連）に置き、運営にあたっては、呼びかけ人や賛同者、日本映画復興会議、映演労連、映画の自由と真実ネットなどによる運営委員会を置きます。

「映画人九条の会」の財政は当面、参加者、参加団体からの任意のカンパなどによって賄います。

映画を愛し、平和を愛するすべての映画人、映画愛好者の皆さん、ぜひ「映画人九条の会」にご参加ください。

二〇〇四年十月二十日

映画人九条の会・結成呼びかけ人

大澤　豊（映画監督）、小山内美江子（脚本家）、黒木和雄（映画監督）
神山征二郎（映画監督）、高畑　勲（アニメーション映画監督）
高村倉太郎（日本映画撮影監督協会名誉会長）、羽田澄子（記録映画作家）
降旗康男（映画監督）、堀北昌子（日本映画・テレビスクリプター協会理事長）
山内　久（脚本家・日本シナリオ作家協会理事長）、山田和夫（日本映画復興会議代表委員）
山田洋次（映画監督）

〔あいうえお順〕

（『現在と向き合う映画と映画人』二〇〇五・二）

おわりに

誰か人生を無事に終わるための生き方、生きる内容、生きる言葉を教えてくれませんか

私は今八五歳になりました。男性の平均寿命より長く、想定外です。

私は兵庫県立八鹿高校の卒業生です。（私の在学中は、〝八鹿高校のルネッサンス〟といわれて、憲法・教育基本法で先生たちは生き生きしていました）。大学や短大、専門学校に進学する人は一〇人に一人。東京の四年生大学に行くのは、二人～三人という時代でした。

担任は東大出（歴史）の南先生、学徒出兵で戦争に行き、幸運にも日本に帰還できた青年教師でした。彼はよく、「四年生大学に行く人は、卒業後、学んだことを社会に還元しなくてはいけないよ」と繰り返して私たちに語っていました。私はいま一生を教職員組合運動（東京私教連六二年闘争、そこに、優れた勇気ある先生たち、林文雄、小尾茂、長嶋剛一、佐原進先生たちがいた）、日本共産党五十余年（そのうち専従生活二十九年）、労働運動、日本共産党の活動と理論を豊かに生かした映画評論家として、「社会に還元」して今日に至ったと思うのです。

私はこれまでに文化賞を三つもらいました。一つは「全国映連顧問賞」（一九九九年）、二つ目

は「下町人間の会文化賞」（二〇一八年）、三つ目は「日本映画復興会議復興賞感謝状」（二〇二一年）。いずれも、上からでなく、庶民から選んでいただきました。誰が線を引いたか。南先生だったのかな、と思うのです。南先生はなぜ繰り返しあの言葉を述べていたのか。

いま考えるに、学徒出兵で、幸いにも生きて帰り「もう二度と戦争はやらない」「青年たちにやらせない」。そういう反省の想いがあったのか、それで訴えかけたのか。それは南先生だけでなく、日本の敗戦の反省として。当時の「戦争はやらない」としてそういう言葉を青年たちに呼びかけていたのではないか（当時の日本の進歩的声のうねりとして）。

最近、『赤旗』を読んでいたら、今日も学生に「社会に還元しろよ」と言っている人がいました。それは関西大学の副学長でした。あの言葉が「今も残っているんだ」と想い、胸がときめきました。

そういえばマルクスが青年の時、「就職は自分も含めてみんなの、多くの人たちの幸福のために」といいました。南先生、関西大学の副学長、マルクスと、その言葉は赤い糸で結ばれているのでは、と思いました。

今、我々は青年たちに何という言葉を、何と呼びかければいいのでしょうか。

「今日は日本歴史の大きな転換点、ご一緒に選挙で勝って、国民のための国民の政権を作りましょう」でしょうか。

私はいま難病で毎日のように病院通いをしております。無事に終わりたいと思っています。

同時代の皆さん。それを実現する方法、その内容、言葉、なんでも、どなたからでも教えていただけませんか。

私は今日、私のモットーとする言葉は、今は忍耐、さらに忍耐。今はそれだけでは消極的過ぎるから、発言、積極的な発言をすることと、言いたいです。

家族の支えなくして、『映画』の仕事も何も出来なかった。私の旅はまだ、旅は終わっていません。


（二〇二二年一月　初出）

羽渕三良（はぶちみよし）

一九三六年兵庫県養父市八鹿町に生まれる
一九五六年兵庫県立八鹿高校卒業
一九五八年早稲田大学第一文学部演劇専修学科卒業
映画評論家、一九八八年から『東京私学退職者の会』幹事、『エイゼンシュテイン・シネクラブ（日本）』運営委員、『映画人九条の会』運営委員、『荒川革新懇』代表世話人、『日本映画復興会議』事務局長・幹事、『勤労者通信大学』階級闘争教科委員などをつとめる
「全国映連・評論賞（顧問賞）」受賞（一九九九年）
下町人間庶民文化賞（二〇一八年）日本映画復興会議復興感謝状（二〇二一年）

著　書
『シネマとたたかいは私の大学』（二〇〇〇年、光陽出版社）
『現在日本映画論』（二〇〇二年、光陽出版社）
『現在と向き合う映画と映画人』（二〇〇五年、光陽出版社）
『現在映画評論―映画が自由を奪われないために』（二〇〇八年、光陽出版社）
『現在映画批評・映画評論―今日に問う～』（二〇一一年、光陽出版社）
『現在映画評論―映画評論家山田和夫さんから受け継ぐべきこと』（二〇一三年、光陽出版社）
『現在映画批評・映画評論―日本映画が色とりどりに、豊かに花開くために』（二〇一八年、光陽出版社）
『東京私学62年闘争と私がたたかった日本映画史』（二〇二二年、光陽出版社）

東京私学62年闘争と私がたたかった日本映画史

2022年3月30日発行

著　者　羽　渕　三　良
発行者　明　石　康　徳
発行所　光　陽　出　版　社
〒162-0818 東京都新宿区築地町8番地
TEL03-3268-7899　FAX03-3235-0710
印刷所　株式会社光陽メディア

Miyoshi Habuchi Printed in Japan 2022
ISBN 978-4-87662-632-8　C0074